你有多獨立，就有多美好

王珣——著

高寶書版集團

我聽說，橘子不是唯一的水果；
我知道，美亦繽紛。

所有的生活現狀都可以發生改變，
所有的困難都可以過去，
重點是你選擇了什麼又做了什麼。

不論生存還是生活，
遭遇孤獨無助都不可怕，
可怕的是我們始終不能學會獨立思考。

我們一直都在努力溫柔善待這個世界，

才會相信自己一直都會被這個世界溫柔相待。

不是所有人都會選擇將就，

總有不將就的坦誠

能讓我們得到自由。

哪怕只是愛一個人，完成一份學業，

成就一個心願，

離開讓你痛苦的人，忘記不堪回首的事。

獨立，不是與生活對抗，
而是成為更好的自己。

序

堅信你的珍貴

年輕的時候，我覺得愛情是碰撞出來的，遇到不喜歡的人不懂得拒絕，遇到喜歡的人又千般思量，在相處和糾結中浪費了太多時間，平白無故地多出一些現在看起來不值一提、在當時卻痛徹心扉的苦楚。

不再年輕的時候，我才發現愛情是等來的。不過，好的愛情，要堅持做自己。你若不能堅持獨立的初衷，不能在奔赴好生活的路上全力以赴，你就不會明白，風花雪月是兩個強者之間的遊戲，因為情感也需要不停地投入，需要勢均力敵。

我們不要因為沒錢、工作不如意、失戀、離婚就失去自己的價值。但有的人，在經歷這些以後處處糾纏在生活的麻煩和情感的痛苦中，本來有很多辦法能讓自己打開新生活的大門，最後卻只停留在嘴上而不採取任何行動，結果當然是日日「貶值」，徹底失去了競爭力。

我們都知道要好好愛自己，但很多人就是做不到，其中原因或許和性格、生活方式有關，但最重要的是總對別人抱有希望，對自己卻徹底放棄。

不要把愛男人當成自己的事業，不同階段的女人應該有不同的生活重心，男人只是其中一部分。

我們打扮不是為了讓男人賞心悅目，而是要使自己從中獲得身心的雙重愉悅。這是愛的力量，也是生活的希望與勇氣。

獨自生存的日子裡，要做好手邊的每一件事，認真過好當下的每一天。我從沒有跟別人提過夢想，更不訴辛苦，但我沒有一天不努力去離夢想近一點，再近一點。我知道能過好當下的人，根本不需要擔心將來，也就逃出了眼前的攀比與焦慮，為自己的生活開啟了一種新方式。

一個人上下班，一個人喝咖啡，一個人看電影，一個人吃飯，一個人租住在市中心的房子，看起來是孤單的樣子，卻擋不住獨處時那種淡然又隨性的美好。

我當然需要愛情，也渴望有個男人牽著我的手走遍這個城市最美麗的地方，吃遍這個城市最好吃的東西。可日子一天天過去，他還是沒有來，我也一度以為自己永遠等不到他。所以我不得不堅強，處處小心，謹言慎行，保護好自己不受外界影響和傷害，一邊拚在生存中，一邊活在生活裡。

但我堅持要守護好自己那顆純真且柔軟的心，以便在愛情來時我還能溫柔相待，在他走近時我還能敞開心扉不帶一絲陰霾。我渴望愛情，不是因為自己過得不好，而是想要與另一個人分享我所發現的這個世界上的所有新奇與美好。

我從最初在風雨中無助奔跑，變成了如今可以在風雨中坦然舞蹈，我終於學會如何安然度過生命中一些艱難時刻。很多人失去另一半就找不到自己，而我能安然行過一個人的時光旅程。

沒有哪個女人能夠完全抵擋住歲月的侵蝕，青春會流逝，但我們可以始終擁有健康、少女感和少女心。真正可怕的是你不懂得經營自己，將全部的年華寄予男人，或是強加給孩子，早早放棄了自己。

你要為了幸福時刻準備著，所以每一天都不要湊合、不要粗糙、不要卑微。因為總有一個人會走近你，對你說出世上最美的情話：「你保護好自己，其他的我來。」

經營情感就是在經營人生，必要的時刻，女人對自己狠一點、對別人果斷一點都不是什麼壞事，過清潔自律的生活，不為求不得的東西歇斯底里，不為不相干的人事糾結，更不為某個男人傷心徘徊太久。

誰的生活都不可能一帆風順，其中的那些坎坷，走不過去的是夢魘深淵，走得過去的才能叫滄海桑田。

願你在被打擊時，記起你的珍貴，抵抗惡意；願你在迷茫時，堅信你的珍貴，抵抗將就；願你的心境永遠不會近黃昏，一直活得像初春的早晨。

愛你所愛，行你所行，聽從你心，無問西東。

序　堅信你的珍貴　8

輯一
做一個有風骨的女子

願你我都有生活的底氣　18
富愛自己，你才配得上更好的生活　25
給自己富有的愛　30
用努力去抵抗庸俗　35
永遠不要把愛情當成唯一　48
逃離戀愛虛榮魔咒　55
我們都要學會富愛自己　60
開掛的人生毫無捷徑　66
先脫貧再脫單，先謀生再謀愛　73
你要的一切你都可以靠自己得到　79
你看不慣我又幹不掉我的樣子，真好看　86
那些每天都早起的人有多幸福　93

輯二

做一個有境界的女子

反正世上人山人海，我可以邊走邊愛 98
你自己不夠好，喜歡什麼男人都是白搭 104
女人最大的心願就是要人愛她 110
熱愛生活的人有時候也需要負重前行 118
永無落魄：張愛玲到死都是百萬富翁 125
你得到的都是你自己的嗎？ 131
你算不上全職太太，只是個居家保姆 135
自己會發光的人是什麼樣子的 143
唯有強大才能治癒你的不安 150

輯三

做一個剛剛好的女子

素顏，只是聽上去好美 156
在看顏值的世界裡，如果你做了不愛美的人 162
你的吃相，就是你的性格和做人姿態 168
你好看的樣子很下飯 174
你和生活都可以變得很美 180
願你一生努力，一生被愛 185
內心強大和活得強悍是兩回事 191
美好一直與堅持同路 198
願你走出半生，歸來仍是少年 203
你從來都沒有不愛過一個男人吧 209
健身這件事溫柔又強大 215
賺錢到老的女人 221

輯四

做一個會表達的女子

不自救的人生永遠是痛苦的 228
就是要和比你優秀也好看的人交朋友 235
在職場中遠離性騷擾 241
為什麼聽過這麼多大道理卻依然過不好一生 245
職場不相信眼淚，但你要相信自己 251
當你開始改變的時候，體面的生活就已經來了 258
請對身邊的人好一點 265
姐弟戀美得讓你不敢老 271
你這麼好看就別受欺負了 277

輯一

做一個有風骨的女子

不在困境時隨意將就，不在孤單時恣意放縱，
經濟獨立，內心豐盈。

願你我都有生活的底氣

1

大小姐最近被一個男同事的求愛弄得不勝其煩，男同事剛進公司不久，出身、長相、身材都很一般，學歷不算高，收入不算多。他不是大小姐喜歡的類型。

她已經婉拒了多次，他卻迎難而上、鍥而不捨，甚至用每天一朵鮮花、一杯星巴克來製造他所能想到的浪漫。

其實大小姐一點都不愛喝星巴克的咖啡，辦公室的花也不需要天天換。她也從來不覺得同事投來的目光裡是羨慕，她只是覺得戀愛是純個人的事情，曬幸福和揭傷疤都是明星們為了提高曝光率而做出的無奈之舉，普通人的生活從來都不需要掌聲。

終於有一天那個男人堅持不住了，把大小姐堵在公寓樓下大聲咆哮：「你不就是嫌我窮嗎？你們女人就是這樣，我要是有錢你早就撲上來了！現在的女人都這麼拜金，只看外表和現在，不看內在和將來！」

大小姐那天剛剛完成公司的標案，晚上又在健身房跳舞，渾身是汗想回家泡個澡，明天還要開會。她不是不想戀愛，也想有個男人陪，可她清楚地知道自己想要什麼樣的愛情，她一味躲避也是不想傷害這個男人。

但在這個時候大小姐忍無可忍地問道：「你既不帥也沒錢，那你現在有什麼內在？你哪個大學畢業的，是世界排名前五十還是全國前十？捐過血嗎？是中華骨髓庫成員嗎？見義勇為抓過小偷、保護過女孩嗎？做過義工、做過慈善嗎？你誠實守信從沒違背過道德底線嗎？」

看著眼前變得呆若木雞的男人，她接著又說：「好吧，如果這些要求太高我就換一下，你每天運動、洗澡、換內衣嗎？你從來不闖紅燈嗎？你不講粗話也沒有亂扔過垃圾嗎？你從不插隊、不佔便宜又尊老愛幼嗎？琴棋書畫、詩詞歌賦你會哪一樣？你跟我說說你有什麼具體的內在？憑什麼說我看不上你就是因為嫌你窮？又憑什麼認定女人都拜金而不是你們男人不求上進？！」

男人立刻熄了氣焰，從此再也沒打過電話給大小姐，封鎖了她的微信和騰訊，更沒有了鮮花和咖啡。但不久就從他嘴裡傳出了大小姐嫌貧愛富，被有錢人甩了N次，還來勾搭自己如何被拒絕的八卦等。

如今社會，內在最是難修，所以所謂外在才會讓好多人追求，即便是眼前的苟且，也會成為某些人的「詩和遠方」。而心胸和器量是很多人一輩子都無法逾越的桎梏，不論貧窮還是富有，少了心胸和器量，區別就都不大。

大小姐無意去教育別人，她只是真的覺得，男人別把自己總是找不到女友的問題都推給窮，抑或是女人找不到男友就說男人都不是好東西。

事情真相往往是：找不到對的人，可能是你改不掉錯的自己。

2

二小姐去相親，對方是個四十歲的男人。據說是有車的，但約會那天騎了一輛共享單車過來，說二小姐選的地方不好停車。

咖啡館裡也有很不錯的西式簡餐，二小姐覺得第一次見面，如果對方搶著去買單，吃份義大利麵和喝杯咖啡也花不了多少錢。可男人自從進來就開始各種看不上，說裝潢太差、椅子坐著不舒服，打開菜單什麼菜都覺得不划算。沙拉端了上來他先用筷子扒拉了幾下，說：「去市場用同樣的錢買菜可以拌一大盤。」

二小姐連咖啡都沒點，就藉口去洗手間先買單，然後回到座位上慢慢地吃自己的那份義大利麵。對方又擦擦嘴說：「這裡的飯根本吃不飽，待會兒我還得再去吃碗炸醬麵配黃瓜蘸醬，那才是老北京美味。」

兩個人起身出門的時候，男人根本就沒有提買單的事。等出了咖啡館大門，他才一臉狡猾、得意地問二小姐：「你說這家店員也太沒責任心了吧，我們沒買單居然也沒人問。」

遇到這樣的奇葩，二小姐很是無語，於是告辭回家，男人也跟了上來一起過馬路。正好趕上綠燈變紅燈，二小姐停在路口，男人卻推著車闖紅燈，結果撞在一輛剛剛起步的汽車車頭處。

男人只是連人帶車摔倒在地，並無大礙，那輛汽車右前方卻被劃出了幾道劃痕。二小姐走過去想幫男人扶起車，男人卻阻止了她，等著路口的一位交警過來處理。

汽車上下來一位年輕小姐，看了看男人沒事，她道了歉又對交警說：「警官，我只想報保險，算我全責吧，麻煩您。」但此時，男人卻不依不饒了，說自己被撞了。問他哪裡不舒服，他說渾身都不舒服。

交警和車主都很無奈地笑了笑，交警問男人：「你知道這是輛賓士嗎？你知道修這幾道劃痕要幾萬塊嗎？」男人愣了愣，對交警嚷嚷：「你這是嫌貧愛富，專為有錢人服務啊！」交警回答：「我不會帶偏見工作，但我討厭得寸進尺的人。」

二小姐在那一刻終於體會到了什麼是真正的「貧」，她想走，男人又喊她：「別走啊，你得幫我做證！」男人油膩猥瑣的樣子真是讓人作嘔。「是你闖紅燈撞了人家的車，我已經跟員警說了。」二小姐說完，頭也不回地走了。

事後，男人跟介紹人抱怨二小姐是勢利眼，自己不是養不起女人，而是不能慣著女人。二小姐一笑了之，對於此無須解釋。

人無品立不穩，而性格裡的某些東西又決定著優勝劣汰，沒有男人胸懷更談不上器量，只有毒舌和猥瑣，這種男人都不如女人，因為他們算計的人裡不分性別，只有金錢和好處，極度自卑讓他變得極度自大，為達目的更加不擇手段。

唯有此類男人難養，因為他把自己的利益永遠放在第一位，心裡沒有情，情早在欲望裡變成了米飯粒，也沒有愛，愛早在私利裡變成了蚊子血。他們集男人性格裡的缺點為一身：貪婪、懦弱、卑劣和賤骨頭。

富愛自己，你才配得上更好的生活

電影《青蛇》中，青蛇曾問白蛇：「那個呆子許仙有什麼好的呢？」白蛇幽幽嘆道：「他是沒什麼好的，但我也不知道會不會遇見更好的。」

這其實是很多女人的狀態。

匆忙長大卻不是成長，因為增長的只是年齡；草率結婚卻沒有愛情，因為不是正確的人；抓緊結婚卻不是家庭，因為無心經營；生兒育女不是情感的結晶，只是生物學意義上的繁衍後代。

前幾天一個關於「女大學生踢孩子」的短片在網路上瘋傳，起因是這樣的：一個孩子在餐廳裡吵鬧瘋跑，在旁邊吃飯的女孩走過去踢了下孩子坐的椅子以示警告。接下來讓人不解的是那位孩子媽媽，她先是撲上去打女孩，被幾個店員拉開後，猛抽店員耳光，又拿著餐桌上各種東西砸來砸去。這時候，她倒是完全不顧及自己的行為，會不會嚇到在場的孩子了。

女孩被同行的男伴拉走，這位母親還在後邊追著不依不饒，男店員繼續勸解，孩子媽又給了男店員一記耳光。這次，男店員還手了，一拳打過去，那位母親立即消停了，站在原地不再動了。

孩子親眼看見自己媽媽的所作所為，他會受到多大的影響？孩子的錯很大程度上都是受到大人影響。

很多女人都明白「富養自己」是怎麼回事，那再富愛自己一點呢？活得體面一點就有了身價，活得堅強一點就有了勇氣，活得克制一點就有了教養。多愛自己一點，就可以活得從容、活得漂亮。

小Q上個月和認識一年的男友登記了，可據別的朋友說，她並不高興，前幾天一起吃飯終於領教了現代人「恐婚」的原因。

她整個飯局都緊繃著一張臉，抱怨著那個已經是自己「丈夫」的男人，嫌人家就一間房子，外地的父母還要來同住，薪水低，能力弱，婚禮準備得也低檔等等。

我問她：「這些情況你和他登記前就知道的，現在怎麼搞得像被騙婚了一樣？」她回答：「反正就是不甘心這麼嫁了。」她老公過來接她，她也毫不給面子地當著大家的面對他呼來喝去，讓我反感不已。

「她三十二歲了，原本是出身大城市、心高氣傲的女孩，現在嫁了個三十五歲的外地普通工薪層，當然得用這種方式在朋友面前表現出『下嫁』的姿態。男孩條件是不太好，可這年頭還有被包辦婚姻的？」另一位朋友好像一語道破了天機。

不將就，這句話在很多女人那裡只是一句勵志語，因為誰也扛不起來自家庭的催婚的壓力，與單身生活中時隱時現的孤單。想起小Q之前說過：「真沒有什麼好男人了，好一點的都是已婚。」

說小Q不知道什麼才是自己想要的或許有些矯情，但她不知道什麼才是對自己最好的倒是真的。因為她不知道，想要遇到更好一點的男人得自己多努力，更不知道，想要更好一點的生活需要自己拚搏。

這過程中，孤獨是必然的。

很多女人活著活著就忘記了女人最美的樣子，因為要忙著趕緊嫁出去。生活中退化得最快的一群女性，就是過早結婚生子的，她們往往更沒有鬥志，工作上更喜歡混、更沒有責任感。她們將丈夫、孩子視為生活的支柱，於是就有了「為孩子」將就婚姻和縱容渣男的藉口。

有些男人心裡困惑：「懷孕生孩子的女人就要傻三年嗎？」其實這樣的時間，或許更長。

有讀者留言給我：「我和丈夫生活二十多年，直到現在才發現他一邊偽裝好男人，一邊在外面搞曖昧。知道的一瞬間，我心碎在了這場二十多年的欺騙裡。」

二十多年都不知道自己丈夫渣，只有一種可能，不是渣男偽裝得多好，而是自己騙自己騙得好。你不知道什麼是好的，或什麼才是對自己好的時候，無非因為你離不開你抱怨著的生活。

任何一個會愛自己的女人，都不可能分辨不出男人的愛是真是假，都不會不知道什麼才是對自己好的生活方式。

女人不僅要富養自己，更要富愛自己。就像一朵花，富養是澆水施肥，而富愛是告訴它，你很美，配得上最精美的花盆，配得上插在女神的鬢角，配得上世人的讚美。

整理眼前混亂的情感，改變不恰當的生活方式，跨越阻礙你的絆腳石，要為現實努力，要相信心靈的力量。

富愛自己的女人，配得上最好的一切。時光也會寵愛你，每天早上站在鏡子前，你會發現自己比五年前，甚至十年前，更美。

給自己富有的愛

喬伊又在為過年回誰家發愁，結婚四年，老公都要求她跟自己回西北農村老家過年。每個春節假期提前一個月搶票的時候，兩個人都會爆發關於去誰家過年的爭吵，每每都是喬伊妥協。而老公承諾初三之後去丈母娘家的事也從來沒有兌現過，一是說車票不好買，二是抱怨花錢太多、壓力太大。

但今年，喬伊和老公沒搶到回西北老家的火車票，於是她萌生了讓自己父母來北京過年的想法。結果老公反應激烈，抱怨喬伊不孝順、自私，還說喬伊父母來北京過年開銷會更大，他為了買房子定居壓力已經夠大的了。

喬伊說：「我爸媽來也是花自己的錢買車票，他卻還算計著我爸媽來北京過年我們家每頓飯多出的菜錢，還得出去吃更是浪費什麼的。結婚後一到過年，他就會集中爆發一次，好像壓抑了一年的壞情緒都宣洩在這時候。說來說去都是賺錢難，自己多麼不容易。而我也有工作啊。如此算計來算計去、吵來吵去，愛情早就沒有了，所以我也不敢要孩子。」

去喬伊婆家除了坐火車，還可以搭飛機，機票不需要搶，只是過年前後是全票價罷了。每年喬伊都為兩張硬座火車票搞得心力交瘁，而她老公卻只是負責提醒搶票的時間，還有買不到票後的火冒三丈。有一次喬伊說可以搭飛機回去，再轉搭長途客運回家過年會容易很多，老公卻差點摔了飯碗。

其實讓公婆來北京過年也同樣實現不了，因為那個男人要的只是一種衣錦還鄉的形式，而不是什麼陪伴的孝順。

喬伊說：「他很享受衣著光鮮地走在鄉間土路上，被一堆老老少少簇擁的感覺。那時候發起紅包來倒是不心疼錢的，他是整個村裡最有出息的男人，他童年的玩伴大多都是外出打工回鄉，每個人看上去都滿臉風塵，可他的滄桑卻是刻在心裡的。」

喬伊昨天還是回自己家過年了，只是，這一次是她一個人回的父母家。訂好機票的那個晚上她打電話給父母，說自己年後即便回北京也要重新安排生活。父母並沒有多問，只是在電話裡說：「你做什麼樣的決定我們都支持你，你什麼時候回家我們都歡迎，你什麼時候需要我們趕到你身邊我們都會去。」

這也是一個因為年齡問題將就結婚的女子，如果說當初還有愛情在，那現在就只剩下過日子的一地雞毛了，何況還是在並不富裕的日子裡，整天忍受一個男人的抱怨和壞脾氣。

喬伊說：「四年後的我已經比結婚之前有了更高的職位和收入，他卻還在原地踏步。年紀長了勇氣卻沒了，天天糾結柴米油鹽的瑣事。即便我也是個節儉的女人，但也不想把生活的樂趣和情感的溫度都省略了。再說，這也變不成錢啊。」

那些要努力改變生活現狀的人，不可能省略生活的情趣和情感的溫度，也只有如此才能培養出自律和堅持，有能力做好手邊的事和賺到更多的錢。這也是一種日益罕見的純真與教養，對彼此說「我愛你」的時候才會動人，才配得上我們想過的生活。

麵包不夠吃的時候，愛情可能只是搭夥完成繁衍。麵包僅僅夠吃的時候，有愛的時光也變得很短暫。很多婚姻只不過是為了自己和孩子繼續維持的假象。情種只生在大富之家，需要很多的麵包才能為愛而生。

愛與不愛，很多人都是在金錢上決定的，有時候是愛無力，整日裡為生存奔波顧不上家人的情感需要。有時候是愛無能，從小就沒被愛照顧過，長大後就只愛自己。

不論是愛無力還是愛無能的人，在這個社會中生活狀態都不會太好，因為自卑與自私裡會生出抱怨與戾氣，並被自己設置成了一輩子的陰影，擋住過上有品質的好日子必需的陽光。

身上沒錢的人當然也會有愛情，但這是很少的一部分男女，可以苦中作樂，可以屢敗屢戰，可以拚全力盡全責，可以得到生活的獎賞。

女人要去努力讀書、工作賺錢和經營情感，而且知道得越早越好，因為不獨立就會吃更多的苦。而「吃得苦中苦，方為人上人」在現代社會根本行不通，大部分吃得苦中苦的，一生都將是人下人。

勇敢去愛，但不要相信自己為愛而生。適可而止，對任何事沉迷都將孤單痛苦。保護自己，不要讓自己吃太多的苦。你不想讓自己的愛情被金錢左右和決定，那你唯有努力讓自己先變得富有。

用努力去抵抗庸俗

1

三十多歲的米露最近遇到了一位追求者，四十歲的離婚單身男人。米露是個一直被朋友預言難養的小女人，翻一下她的朋友圈就知道了，人家關注個人生活勝過其他一切，日子過得像是詩和遠方都在她的家門口。

米露從沒有打算讓男人養自己，只是她不像唐晶，遇到優質男人賀涵求婚還不肯嫁，拿著事業當擋箭牌。米露說，那都是不愛的藉口，現實生活中也沒有這種事情。獨立的女人，等愛的姿態或許不同，但遇到了還是會投入真心，米露說：「我又不怕離婚，又為什麼要怕結婚？」

我也喜歡看看米露的朋友圈，有城市的風景，吃飯的食物，各地的流連，風土人情裡的思考，還有美包、美鞋和流行服飾。沒有工作，沒有忙碌，沒有雞湯，更沒有抱怨，甚至沒有愛情。這並不耽誤她生活，一個人吃，一個人睡，一個人喝咖啡，一個人出行。

真正瞭解米露的朋友都知道，她在世界五百強公司工作，年紀不大已經是總監了，不忙是不可能的。千萬不要小看一個又忙又美的女人，因為這樣的女人不是一般的有出息。

如今我們的生活似乎都成了一套公式，優秀的女人都是那種沒有愛情、沒有婚姻、沒有孩子的女強人，而且註定不會快樂。而那種靠男人、靠婚姻的女人，就算關起門來吵鬧到血淚一地，開門出去還是比沒有男人的女人幸福。

嫁不出去都是不好的，沒有任何男人要，嫁出去的就算不好，也至少是有男人要的，於是單身的都是錯，結婚的都是對。其實誰對誰錯誰知道，中國式婚姻的俗套，說白了大部分都可以歸入兩類：一個飯碗和一種裝。

米露相信愛情，來的男人卻總是差了一點結婚的節奏。這位先生形象看上去很不錯，工作和收入足夠支撐他在北京養房養車了，養個女人也綽綽有餘。只是他和米露交往了一段時間之後，米露發現，他雖不缺錢但也沒有養女人的心。不光如此，某先生的追求也充滿了俗套。

他之前一定認真研究過米露的朋友圈，也顯然很不認同她的生活方式，但並不明說。而是每次約會都定在一些小店和小吃上，說是充滿這個城市的煙火味道，甚至米露下班後都得換一身便裝才能赴約，不然某先生會說：「你穿得太隆重了，不是不漂亮，是不適合。」

城市裡的煙火，是視窗裡溫暖的燈光，是廚房裡煲湯的身影。小飯館不是不能去，街頭燒烤攤即便不健康，我們也可以偶爾放縱自己圖一樂。只是某先生的伎倆就是先拉低米露的消費習慣，他過日子的樣子和錢的多少沒關係，摳門和自卑才是真。

我說：「只怕小飯館他也不會約你去幾次，很快就會是去你家吃飯了。」米露燒得一手好菜，只是還沒到值得為他生火做飯，嘗嘗真正的煙火味道。

某先生果然在去了三次小飯館之後，就要去米露家了，目的當然不是菜，而是飯後可以順理成章試探一下能不能過夜，連開房的錢都省了。至於他自己的那間大房子，他說：「我姐姐一家人來北京旅遊，下次我再請你去我家。」

米露說：「都是成年人，這事能夠水到渠成我也不會拒絕，可為什麼理由聽起來就是很彆扭呢？」她拒絕了某先生的這個要求，說自己根本不會做飯，結果他說他可以買了菜過來做，米露也應該學習一下如何做主婦。

比起那些看上去就會生火做飯的女子，米露當然更美更帶得出去，如果能把這樣一個女人培養成自己想要的樣子，對於等到四十歲還單身的某先生來說太重要了。於是追求計畫的路上他太過著急，讓米露連相處下去的耐心都沒有了。

面對米露的退堂鼓，某先生趕緊使出了殺手鐧，說是自己父母特意來見米露，而且是突然襲擊。週六下午米露從健身房出來的時候，某先生就等在門口要帶她去見父母，而且還強調讓她上樓換一身保守的衣服，說自己父母喜歡淑女一點的女孩。

米露擦了擦汗，笑著說：「關我什麼事？」然後轉身走向對面的公寓，留下原地發呆的某先生。

又過了兩天，某先生把米露堵在了公司樓下，說要和她好好談談。咖啡館裡，他長篇大論數落著米露如何看重物質、如何愛慕虛榮、如何為女不淑等等。米露認真喝完面前的那杯咖啡，然後回道：「關你什麼事？」

又過了一個星期，米露的手機上出現了一條罵人的簡訊，是某先生發來的。原來他在沒有伎倆可施的時候，只剩下了惱羞成怒。

某先生活脫脫就是《我的前半生》中的老金啊，自己無心無力追求更好一點的生活，還要讓身邊的女人一起過看似平淡實則無趣的日子，甚至連愛情都成了他給女人的一種施捨，好像之前人家都過得生不如死，只等著自己去拯救了。

這個世間的癩蛤蟆都喜歡吃天鵝肉，重點是如何各顯其能先把天鵝拉下水，讓自己能搆得著去啃。第一口就是先咬掉翅膀，然後就是潑上汙水讓她變得和自己一個樣。

幸好某先生搆不到米露的生活圈，不然周邊的人都得受騷擾。生活中這樣的人很多，永遠用自己的價值衡量別人，只要不同就是別人不好得插手來糾正。

自己過不好就喜歡看到別人比自己過得更慘，自己不幸福就把別人想像得更加不堪，這就是很多人的庸俗和價值。

我們想要獲得幸福這件事，和結不結婚、結了幾次婚、離了幾次婚沒什麼關係。一輩子都不結婚未必不幸福，有些快樂外人真的不懂。結了一次婚卻苦了一輩子的大有人在，而離了N次婚最後還是找到最佳拍檔，也是一種幸福。

你用你的價值觀為人處世找另一半，關我什麼事？我用自己賺的錢買花戴、等愛情，關你什麼事？任這個世間充滿庸俗，我們都可以用「關我什麼事」和「關你什麼事」解決這些事。

能把你按在沙發上的都是俗套，不是愛情，更不是真實的生活。我們都要小心翼翼地努力，才有力量去抵抗庸碌，這個世界還有些高跟鞋走不到的路，需要你買雙跑鞋，還有些辦公室裡遇不見的人，需要你過得更酷。

2

艾米麗一直認為自己是生活裡的「安迪」和「唐晶」，她在某個上市公司工作，有不錯的職位和薪水，但三十好幾了還是未婚，已經N年無男友。艾米麗說：「我是忙得沒空約會談戀愛好嗎？」

艾米麗身邊沒有可以替她打點生活與工作的男人，甚至也沒有追求者。她的脾氣暴躁，是個無時無刻就能咆哮起來的女人。艾米麗的人際關係緊張，幸好業績不錯，對待工作有「拚命三郎」之稱，因此上司就算對她有些不滿也得勉強一下自己不和她計較，但同事之間就未必和諧了。用人家的話說：「都是第一次做人，憑什麼讓著你？」

我問：「是不是該找個男朋友談談戀愛？長期不和男人接觸，你身上都開始自我分泌荷爾蒙了，脾氣暴躁也傷身傷情。」獨立是女人的才華沒錯，但顏值、身材和性情也是。

但艾米麗說：「總是在人生的某些階段和男人糾纏的女人，都是因為不獨立產生的意淫，當今男人根本不值得女人做任何期待。」這話乍一聽去，沒問題。

後來聽說艾米麗愛上了一個有家的男人，她說：「反正我也沒想和他怎麼樣，這樣愛著就好。」但很快，艾米麗這個號稱獨立的新女性，也和大多數普通女人一樣，想要結婚生孩子，朝朝暮暮起來，那個男人給不了就逃了。艾米麗備受打擊之下，辭職去男人的老家圍追堵截，甚至和人家正室在大街上大打出手。

一天深夜，她外地的家人打電話給艾米麗在北京的朋友，說艾米麗可能在家做傻事了。大家報警砸開了門，把吃了安眠藥的艾米麗送到醫院洗胃。男人倒是趕到了醫院，但模樣比艾米麗還狼狽，他從頭到尾都沒說一句話。等到男人要走的時候，艾米麗忽然當著朋友的面跪在男人面前，低三下四求他回來。男人也撲通一聲跪下，給艾米麗磕了個頭，求她放過自己和家人。

在精神不獨立的情況下，經濟獨立或許只是導致膽更大、事更亂、錯更多的鋪墊。

3

有一位做律師的朋友，無論是在工作上還是法庭上她都曾經是叱吒風雲的人物。但有一天，當這位律師朋友得知自己老公出軌的時候，她還是慌不擇路地半夜給老公的朋友、同事打電話追問、哭訴，因為她找不到他了。

她說：「孩子還小，我們也才剛買了房子，如果真的離了婚，我不知道以後該怎麼獨立生活。」

她老公從開始時的欺騙，到後來索性住到小三家，再到小三公然在朋友圈和她老公秀恩愛，好事者居然把照片都一張不漏地傳給了她。兩年的時間，除了實在忍不住的時候去騷擾老公的朋友，追問豔照和豔史，她似乎已經忘了自己有房、有車、有收入不錯的工作，有足夠離開男人的獨立底氣。

如果不能及時止損，智商也會跟著降為零。生活中有多少如此假裝著獨立生活的女子，豔陽高照的時候唯我獨尊，但風雨一來還要找個男人做依靠，並且再也找不到原來的自己。

4

小W留言給我：「孩子八個月了，我一直在家帶孩子，心情鬱悶，你說我要不要出去找工作？但婆婆一個人帶不了，還得找個保姆幫忙，我不放心。」

我回覆：「那你就一邊帶孩子，一邊給自己找點喜歡的事情做，分散一下注意力讓心情好起來，等孩子能上幼稚園了再去工作。如果你老公經濟條件好的話，你還可以花他的錢給自己找點樂子，不必那麼鬱悶。」

小W回答：「我們是普通家庭，但老公和他家人對我很好，要找工作的話他們也支持，我就是不放心孩子。你怎麼不建議我去找工作賺錢獨立？」

我回覆：「其實你心裡早有決定，並不想去工作，你只是需要找個人再肯定一下，自己是為了孩子才不能獨立。」

小W說：「我沒有決定，只是覺得如果現在去上班了，孩子被保姆抱下樓去玩的時候，發現別的孩子都是爸爸媽媽抱著，自己卻被保姆抱，會不會受到傷害，變得不自信了？」

我回覆：「我和我身邊很多職場媽媽，都是休完產假就上班了，那時候孩子只有四個月。」

即便有女人把帶孩子說得有多辛苦，也苦不過朝九晚五擠車、騎車，有上司、有下屬要開會，有任務、有同事、有努力、有競爭的上班族。何況很多媽媽身邊，還有家裡的老人和男人幫著忙，奮戰職場就算有人幫往往也是幫倒忙。

你鬱悶不是因為帶孩子累，而是腦子空空的寂寞矯情。孩子睡覺你也休息養神，孩子醒了你也晃晃搖籃看看書，收拾一下客廳廚房當作運動，抱寶寶下樓玩你也順便享受下陽光。如果有老人幫忙，你甚至還可以化妝換衣服和女性友人去吃個飯，和老公去看場電影喝杯東西。

閨密現在到了斷奶期，兒子滿一歲了，四個月上班到現在的八個月裡，她每天背著裝著冰桶和吸奶器的大包上班，只能在公司廁所裡吸奶，辦公桌下有個小冰箱存儲一天裡擠出的奶，等到晚上下班帶回家給兒子喝。

昨天看到一則新聞裡的圖片，照片上是一位媽媽在大雨中抱著孩子獨行的背影。她踩著高跟鞋，穿著蓬蓬裙，後背背著女兒的書包，右手抱著女兒，左手臂上挽著自己的名牌包，還有一個塑膠袋裡露出了青菜，手還得舉高打著傘。

即便你想成為孩子心裡的女超人，也得有這樣的能力和這樣的條件。你蓬頭垢面生活在地方的小鎮，指望著老公養還得忠誠，滿足於周邊女人一樣苟且的日子，又抱怨著認為自己應該有更好的生活，還想要孩子自信幸福成龍成鳳，想得真是美啊。

你想要自己的孩子成為什麼樣的人，你現在就得去努力成為那樣的人。

所有的生活現狀都可以發生改變，所有的困難都可以過去，重點是你選擇了什麼又做了什麼。不去假裝著獨立自己、欺騙自己，假裝著鬱悶自己、折磨自己，才會有智慧去處理情感和生活裡不可避免的一地雞毛，等到那個豔陽天。

永遠不要把愛情當成唯一

男孩本科畢業後在高等院校工作了兩年，前段時間和同公司的女孩談起了戀愛。女孩是當地人，性格開朗活潑，雖然只是普通的本科畢業生，但個人很是好學努力。兩人每個週末都會約會，男孩月薪人民幣八千元，比女孩高一點，但兩人一般都是輪流買單。

相戀兩個月後，兩個人逛街時巧遇了女孩的父親，於是老爸掏錢和兩個人一起吃了頓飯。席間女孩去洗手間，女孩老爸問起兩個人的相處情況，男孩說了下面一番話。

「一開始我覺得她挺好的，性格也有親和力，上班的時候經常給我買早點、咖啡，我也很喜歡您女兒。但慢慢地我發現，我們之間有個很大的問題：消費觀不同。每週末約會她都會去固定的店去買奶茶喝，奶茶可以加料的，她總是要加珍珠，那麼一杯奶茶就要十七元。我真的不是心疼錢，就是覺得這樣的消費觀和我有很大差異，喝奶茶都那麼奢侈，以後結婚了可能大的要求會更多吧？我在猶豫要不要和她走下去。」

對了，他們生活在北京。

女孩的老爸什麼也沒說，只是等女孩回來後買了單，然後他問女兒：「我知道你很喜歡他，但如果你談戀愛後連喝奶茶都要被他說是奢侈的話，你現在是選擇跟他留下，還是跟老爸走？」

女孩看了看男孩，起身站在了老爸的身邊，老爸這才對男孩說：「小夥子，你們倆確實不適合，不是消費觀差異，而是價值觀都不同。我們家不是大富大貴，但我養大女兒也絕不是讓她去跟別的男孩過喝茶吃飯都要被指責的生活。結婚？是你想太多了。」

父女倆頭也不回地走了。真是慶幸女孩有這樣一位父親，可以及時發現並且出手幫助女兒看清身邊所謂的愛情。也欣慰那是個聽話懂事的女孩，可以相信並且跟在父親身邊繼續瞭解以後的路。

這個故事讓我想起多年前的往事，當時我與前任新婚不久，他某天跟我老爸抱怨，說我早餐不吃泡飯，每天都要買麻團糕餅，一個麻團五毛錢，一塊糕餅要一塊錢。父親回答：「我女兒在嫁給你之前的二十多年，是每天早上一個雞蛋、一塊糕團、一瓶牛奶長大的。」當年那場婚姻是我一意孤行的結果，父母最終尊重了我的選擇，但也因為我的離婚承擔更多——他們張開雙臂歡迎我回家，又幫我帶大了孩子。

現實生活中，有些所謂的愛情其實就是個鬼故事，你以為自己遇到了真愛，其實

是撞到了鬼。

其實很多父母既沒有智慧引導兒女如何走入社會，也沒有能力幫助兒女重新開始，作為兒女的我們就更應該在事業和情感選擇上擦亮眼睛。女人必須獨立自尊，活出自己的身價才有可能遇到人中龍鳳。

不然怎樣？自己買單喝個奶茶都要被指責奢侈，自己爸媽的心肝寶貝卻被別的男人視同草芥，自己賺錢買花戴都要被說成賤，甚至用你的錢去養別的女人，真是撞到鬼了。

記得多年前有位做刑警的朋友曾經說過：「不要輕易相信別人嘴裡的愛情，即便在婚姻裡也不要放棄自己。因為如果發生了凶殺案，第一個嫌疑人常常就是那個與死者談戀愛的男女，或是同床共枕的丈夫妻子。」

你或許以為這個直覺只是來自員警這個特殊身分，但大衛・華萊士也說過：「在情感中，所有的愛意和恨意都更有可能轉化為殺機。」

小西說：「結婚後老公還是不斷跟別的女人曖昧，接著就是背叛、出軌。出軌被發現後他氣急敗壞地連續家暴了我十四次。吵架吵到天翻地覆的時候我差點跳樓，他卻在若無其事地用ＭＯＭＯ陌陌和網友聊天。」

燕子說：「我生完孩子胖到八十多公斤，老公非常嫌棄，每天回家沒有任何交流。之後他出軌，在爭吵中把我的右手中指弄到骨折，直到現在都是彎的。我的右手中指再也直不起來了，可他連歉意都沒有。」

美亞說：「我連著生了兩個女孩，婆婆還要我再生第三胎，而且事先說明，懷孕時要照超音波，如果是女孩就打掉不要。我當然不願意，可現在老公下了最後通牒，不再生就離婚。我結婚五年，兩個女兒都是我一個人帶，婆家不幫忙。老公每個月賺五千塊，每次給我的零用錢都沒超過一百塊。」

艾米說：「離婚後我才發現，自己結婚過了十幾年不是自己的日子。終於不再焦慮老公是不是跟小三睡在一起了，不用恐懼他回來會不會對我和孩子發火，終於可以做自己的事情，也不擔心上廁所都被他罵太臭。」

前不久發生過一件事，在廣東中山的大街上，一位妻子擋住了老公的轎車，因為小三就坐在車裡。結果老公直接撞倒妻子並且碾過她的身體，車都沒停就揚長而去，留下周邊的路人目瞪口呆。是什麼讓結了婚的女人生命都變得那麼不值錢？

女人在這樣的婚姻裡，就算沒有跳樓自殺，沒有被老公打死、撞死，或是去殺男人、撞小三被送進監獄，保住了自己的性命，可這樣糟糕危險的婚姻關係也是一種漫長而殘酷的消耗，女人的青春和自信盡毀，整個後半生都用來重複前半生的痛苦與絕望。

婚姻也可以變成牢籠和利刃，受傷害最深的是那些經濟或是精神不獨立的女子，還有她們身後幼小無辜的孩子。

帶著孩子跳樓的媽媽還少嗎？有的先把孩子扔下去自己再跳，有的推著孩子要一起跳。孩子說：「媽媽，別拉我，我自己跳。」這是孩子的愛，即便媽媽要跳樓我也陪著你，沒有條件毫無怨言。

父母對孩子的愛，從來都是有條件的。那些在破敗的婚姻裡依舊糾纏著渣男的女人，也從來不是為了孩子去堅守什麼家庭完整，不過是害怕自己的飯碗也會隨著離婚破碎，從此陷入沒男人養或是再嫁不出去的恐慌裡。

永遠不要把愛情當成生命，把婚姻當成此生唯一，你或許才會遇鬼殺鬼，練就和英雄比肩的本事，最終與他一起笑傲江湖。即便身邊的男人背叛了你，你還有自己口袋裡的錢可以東山再起。

你媽把你生得漂亮不是讓你被別人糟蹋，你爸把你捧在手心裡養大是讓你一生幸福的，不是讓你在別的男人面前作踐自己。

逃離戀愛虛榮魔咒

女孩過生日和男友一起出去吃飯，結果卻讓她自己買單，女孩很傷心。男友卻說：「是你自己要求吃一個人五百的大餐啊，我建議去吃一個人兩百的我來買單，你又不同意。」女孩由此想到很久之後，如果有了孩子她想去私立醫院生孩子，想要孩子上好的小學，自己想要追求好一點的生活，男友可能都會冷漠地站在一邊讓她自己付帳單等等。於是女孩決定和這個相戀七年、不求上進又不懂愛的男人分手，並且再也不和這類男人談戀愛了。

這個故事不是灑狗血，而是在灑人血，也再次力證了「不是一家人不進一家門」的古訓。男主七年後還窮到連一頓飯錢都在乎的地步，女主過了七年同樣因為幾百塊不能釋懷。七年前你們是窮人，七年後你們還是窮人，如果非要說不求上進就是窮的原因，女主也沒上進到哪裡去啊。飯錢都要心疼的時候就想著私立醫院、貴族學校、富人生活，女人的虛榮心和男人的不求上進一樣可怕。

前幾天我把這個故事放在一篇文章裡，有讀者看後留言：「這件事怎麼能指責女人？讓自己女人過不上好日子就是男人沒本事，女人想要選擇更富有的男人過好的生活沒有錯。」這當然不是對錯的問題，只是兩種不同的選擇。你是什麼樣的女人就會遇到什麼樣的男人。

如果說男人收入低就代表沒責任心、沒人脈、沒上進心，那收入不高的女人也多了去了，又代表什麼？難道只代表你不會選男人、沒有嫁富人、麻雀沒有變鳳凰？如果說你認識的收入不高的男人大多都懶，不光賺錢懶，回到家也懶，那我只能說你就活在一個懶人的圈子裡，你自己也懶又沒錢請臨時工，只剩下抱怨。一邊嚷嚷要和男人平等，一邊又把過日子的希望加諸於男人，一邊大說特說要真愛，一邊又試圖拿著愛和錢做交換。窮女人不和窮男人談戀愛那是你的自由，但因為如此最終找到富人嫁了，就是女人求上進，追求好生活的表現和方式？

在北京這樣的城市裡，要想過好一點的生活，對於一些為了夢想來到這裡又是白手起家的年輕人來說，確實是件非常不容易的事情。中國社會依舊沒有完全脫離男權的影子，這或許會帶給女人不便，但也讓男人不可推卸地承擔了更多的社會責任。哪個女人也不應該否認，除了生孩子、帶孩子，女人必須付出更多的辛苦，男人在任何方面比我們做的都只多不少。

但生活的殘酷就在於，有時候我們付出了諸多努力之後依舊得不到想要的結果，很多人不得不接受失敗換一條路再來，此中有多少心酸和沮喪，如果你也是職場中人就不可能沒嘗過，為什麼一到男人那裡就變成了賺不到錢就是他的錯？如此定論一個或許只是還沒有獲得更高收入的男人，就是懶、無責任心、不求上進、人品有問題，太過淺薄。

我想說的是，生活中沒有錢的女人要比男人多得多，因為很多女人連經濟獨立都做不到，我聽到男人說不和不漂亮的女人談戀愛，但沒有聽到男人說不和窮女人談戀愛，而且還有男人說：「女人有沒有房和車無所謂，這本來就是男人的事。」如果你還要問：「我怎麼就遇不到這樣的男人？」我只能回答你：「物以類聚，人以群分。」

如果你也想一夜暴富逆襲，那就先瞭解一下，生活中逆襲成功的都是些什麼樣的女人。畢業於耶魯的鄧文迪就是不嫁給默多克，自己也能把自己過成富人。臉書的創始人馬克·祖克柏與華裔女友普莉希拉·陳結婚，哈佛畢業的普莉希拉和丈夫同受精英教育，陪著他經歷創業到成功。凱特王妃根本就不是灰姑娘，出身中產、上名校，是才女才吸引了王子的目光。

既然有人一再重申當初的愛情都是初心，那就一路走下去彼此都努力。如果有一個被甩下了也正常，你手放開心也就輕了，自己輕裝上陣去追逐想要的生活。我相信每個人都曾經努力又上進，只是有些人會在夢想的路上害怕、退縮、摔倒爬不起，這中間有男人也會有女人。

追求什麼樣的生活是我們的權利，但不要因為個人喜好傷害別人的尊嚴，我們總是要找到一個適合的方式，不相愛也不相殺，江湖相忘淡淡一笑。

當有男人指責你虛榮的時候，你先拷問一下自己的靈魂，真是如此就別無理攪三分，畢竟混什麼圈子是你的自由，自己滾。如果這樣的指責是出於男人的自私狹隘，沒錢還拿錢來侮辱你，那你就站直了，讓他滾！

我們都要學會富愛自己

薇兒出生在大山深處風景優美的小鎮，從小到大連幾百公里以外的省城都沒去過，日子過得很平靜。但她內心很嚮往外面的世界，希望在鋼筋混凝土構築的樂土裡享受生活、愛情甚至夢想。

她在小鎮上工作了三年，感覺沒學到什麼。這之前薇兒考公務員失敗了，考教師也沒成功，最終去了一家幼稚園又覺得收入太少。薇兒說，無論自己怎麼努力，在小城市好像都是看不到希望的。

某天薇兒在微博上留言給我：「我也要去北京了，去見見你說女孩應該去見的世面。這是我第一次一個人去那麼遠的地方，雖然我表姐在那裡，但還是抵不住一種莫名的恐懼感，當然還有好奇和憧憬，希望我能堅持下來。」

薇兒在北京郊區的購物中心當促銷人員，但她說：「我一點也不喜歡這份工作，每天上班都不開心，我好想換個喜歡的事做。」她住在六環外的合租房裡，帶的錢付了三個月房租後就所剩無幾。其實現在的薇兒在生存和喜歡之間，幾乎沒有多少選擇的餘地，家人沒有經濟能力供她在北京慢慢找工作。

我回覆：「你可以去試著找找你要的那種工作，但不要先辭職。」接下來的半年裡，薇兒還做著促銷人員，但日日都在盼過年，那樣她就可以回家了。她還是會留言給我，都是些不開心和糾結。

但有時候她也會說：「要從身邊力所能及的小事做起，現在我正在努力減肥中。

我對自己目前的要求就是好好做完這份工作，然後用賺的錢為父母買點東西，去學習自己喜歡的動漫，最後能從事一份自己喜歡的工作，一切就完美了。」

後來她又說：「我發現我好像都沒做好，我現在都二十四歲了，還來得及嗎？」

直到上個月她說：「終於要回家了，你覺得我要怎麼樣度過在北京最後一個月的時間，才算有意義？」

薇兒來了半年從未跟我談起過北京，因為她的眼界只停留在六環外那座購物商城裡的那點事上。她也沒有真正開始做好並且堅持一件事，就回到曾想離開的家鄉，再去做一份不喜歡也學不到什麼的工作，因為那裡基本不會有動漫公司。再然後呢？相親、結婚、生子，變成不喜歡卻徹底無力再改變的樣子。

其實她可以去看看故宮、頤和園，逛逛國家博物館，看場話劇，哪怕只是去一趟光鮮亮麗的三里屯、後海，也能看到城市的另一面，瞭解這個城市的文化。有了愛才會有歸屬感，才能被一點小事感動心生柔軟，而不只是個匆匆過客，滿眼都是霧霾，滿心堆積負能量。

我們如果看不到世間的美好，就終究沒有眼界下的心胸，這會阻礙我們的生活態度和人生格局，日子就更會陷在生存的煩惱裡糾纏不清。

工作是安身立命的根本，即便不是自己喜歡的，我們也要盡力去做好，並且依靠自己的職業素質在職場打出一片天地。這樣的你才能擁有自己的社會價值，並因此贏得尊重，以及擁有讓自己變得更好的資本。

在這個基礎上，我們還應該不斷提升能力，以便去做自己真正喜歡的事。我身邊有些人把個人愛好發展成賺錢營生，這就是讓人羨慕的生活智慧。

沒錢，那就想辦法去賺錢啊，不要相信天上掉餡餅的事情，所有能賺錢的事情都需要頭腦和實幹，都需要忍耐和堅持。又懶又饞、又笨又貪心的人，要麼是個肉體上的胖子，要麼是個精神上的窮人。

我曾經在幾個城市之間輾轉生活，搬家要儘量租住在市中心，方便孩子接受最好的教育，有最便捷的商業區滿足所有的日常需求，還可以隨時去海邊和公園散步，看海那邊的春暖花開和角樓上的月色。生存再辛苦，情感再多舛，我依然希望觸摸到每個城市或厚重或柔美的地方，感覺自己依舊是幸福的。

這些年的這些時候，大部分都是我獨自帶著孩子完成人生轉折，所以我特別能理解在城市之間流動，在租住的房子間搬來搬去，再堅強都會感覺到顛沛流離的薄涼。所以每次挪窩我都帶齊所有的家居用品，包括寵物、照片、花瓶和植栽，這方面我從來不怕麻煩，因為租來的房子也是我的家，也承載著我想要的生活，所以一日都不能湊合和馬虎。

我努力工作也用心經營家庭，不論一個人還是兩個人，我都要過自己想過的生活。看起來很輕鬆，其實我很用力。

如果你湊合，生活一定還你湊合的樣子，如果你用心經營，生活一定還你經營的美麗。生活如此，愛情亦是如此。你讀懂什麼是生活，就會愛上努力的自己，就能堅持為自己好的事情了。

我經常為一件新衣欣喜，為一杯奶茶開懷，為一次約會期待。這種快樂很單純，就像小時候為一顆糖就能馬上破涕而笑。擁有這樣的能力，人才不會被世俗腐蝕，擁有明亮的眼睛和豁達的心，也可以理解為「少女心」。

願你在錢包空空的時候發現某張卡裡還有些許餘額，願你在下雨天招到不會拒載的車，願你嘗試新食物的時候發現比想像中更好吃，願你每天上班的心情都像週五的午後般輕鬆，願你愛的人更愛你，願你永遠快樂得像個孩子……

開掛的人生毫無捷徑

1

艾米大學畢業後在一家外商做行銷，開始時薪水不高，工作很忙，但用她的話說：「能學到很多東西就是值得的。」又過了兩年，艾米已經做到了主管的位置，薪水漲了一大截，但她忽然跟我說要辭職去國外讀碩士。

艾米當時有一個大學同學的男友，兩個人來自同一座小城。男友覺得兩個人在北京打拚幾年了，見過世面了，也賺了點錢，是時候回到家鄉買房結婚生子了。但艾米不這樣想，她說：「既然知道外面的世界很大，那我總要盡力去看看更遠的地方，現在的我和大學時的我不一樣了，我想過更有品質的生活。」

我知道艾米家境並不富裕，在北京工作幾年的積蓄也不足以應付國外留學的費用，需要邊打工邊讀書。簽證下來的時候，男友提出分手，艾米把自己關在家裡一個星期，然後按部就班地準備離職、機票和行程。機場分別時，艾米說：「我知道，我可以。」

三年後艾米回到北京，成為一家世界五百強的行銷主管。她還是那麼拚，一步步把每一個當下都過得有品質。又過了兩年，她結了婚，但懷孕七個月的時候孩子被查出有問題，艾米不得不做手術終止了妊娠，這對於三十歲的她來說不能不算是又一次的打擊。

艾米休息了半個月就出現在健身房裡，兩個月後再去上班的時候，一切看起來就像什麼都沒有發生過。

艾米說：「既然失去了一樣寶貴的東西，我就要抓住僅剩的，只有這樣我才有能力和身體再次擁有。」不久，艾米又成了公司最年輕的區域經理。同時她也更積極地鍛鍊，調節飲食習慣讓自己吃得也健康起來，週末假期會和先生安排短途旅行放鬆心情，為他們再一次擁有孩子做準備。

開掛原本是指玩遊戲中的一種作弊行為，而開了掛的人生卻無法作弊，艾米獲得的每一寸進步和每一次提升，都是用了她在人後的十二分努力。千萬不要相信「女孩可以不漂亮，沒有能力也無妨」之類的話，當你終於有一天，發現自己又漂亮又有能力的時候，人生就像開了掛，無所畏懼。

2

我認識米莉的時候她四十歲，在談一場新的戀愛，她之前離過兩次婚，獨自帶大了一個上國中的兒子。現在的男友小她三歲，米莉說：「一個人生活，有適合的就和男人談談戀愛，沒適合的就和自己談談戀愛，這樣的日子很好。」

米莉自己經營著一家室內設計工作室，接的案子並不多，她說：「我還要留出大部分時間去生活。」米莉把自己賺到的錢都用在她覺得值得的事情上，她去學登山，又因此愛上了攝影，又去拜師學拍照，曾經為了拍攝一對跳舞的天鵝，差一點被蚊子「吃掉」。

她把大部分的時間浪費在了大多數人看起來無用，她卻堅信美好的事物上。放鬆地欣賞一部電影，養會開花的植物，認真做一頓飯，或者坐在街角的咖啡館裡看人來人往，只要是那些能夠讓自己感到充實和滿足的事情就都是美好的。米莉說：「也許那些一直被我們誤解的虛度時光，才是生活的本質。」

她從沒有把大格局和賺大錢這種事情放在嘴邊，但她的工作室發展卻蒸蒸日上。工作的時候米莉認真而執著，生活的時候同樣投入和努力，這樣的女孩，一路拚來往往是不缺錢也不缺愛的。

我們在旅館大廳喝下午茶，落日餘暉透過落地窗灑過來，米莉整個人都在光影裡，顯得恬淡又美好。離婚的經歷不可能沒有過痛苦和掙扎，但米莉說：「我覺得自己現在的樣子和狀態更好。」她的生活一直在往前看，不回首，不是不堪回首，而是那裡什麼都沒有。

男友下班後過來接她回家，遠遠走過來的幾個男人裡，我一眼就認出誰是米莉的男友，因為他和女友有著一樣的狀態和氣質，外在的般配往往也是內在的高度切合。我問米莉：「你會和他結第三次婚嗎？」米莉笑了：「為什麼不呢？我又不害怕離婚。」他走過來，輕聲呼叫她的名字，她的臉上立馬有了少女的嬌羞，兩個人都看不出來年齡。

有時候，我們並非需要完全走出了傷痛才能重新開始，而是學會了帶著傷痛繼續生活，走著走著新的機會也就來了。這世界上一定會有一個人，他會把你的名字叫得婉轉溫柔、蕩氣迴腸。

3

這是個拚臉也要拚才華的年代，一味強調內在卻毫無外在，也是一種淺薄。我個人的生活經歷告訴自己，即便此刻走在人生最黑暗處，也要保持一個漂亮點的樣子，不慌張、不崩潰，不停滯、不抱怨，在這個階段裡逼自己變得更好一點。

我能夠正視自己的年齡，但不能接受痘痘和黃褐斑，有病要治病。我能夠正視老去的皺紋，但不能接受變胖，脂肪真超標了餓死也要減。我能夠正視爸媽給的五官，但不能接受不做任何保養修飾，妝要化、衣服要美。只有在你看上去好，你才會自己感覺好，你的外在和內在也才能像你感覺的一樣好。

身邊有幾位小姐和先生，是保持身材和顏值的狠角色，也都是職場精英，擁有豐富的個人生活，或是幸福的婚姻家庭。這一點更說明，真正優秀的外在和內在往往是高度統一的，以貌取人也是最符合時代發展的看人方式。之所以要跟有情趣和幸福的人交往，就是需要不斷發現自身不足，去儘量完善和成就自己。

我斷食七天結束，體重減掉四公斤的同時也很清楚，一旦恢復正常飲食，如果不能配合運動和繼續節制飲食鞏固成果，體重也會在短時間內反彈。這種只喝水的斷食絕不是什麼好玩的事，每天都在煎熬中度過，雖然沒有出現什麼特別不好的情況，但也不會輕易嘗試第二次。因為不論減肥還是保持身材，都需要長期節制飲食和加強運動才能實現，任何單純靠餓減體重並且保持下去的想法，都不可能做到。

第八天恢復飲食就去健身房，身邊人問我有體力支撐跑步嗎？我說：「跑不動就走啊，反正我也得先完成五公里。」堅持運動本來就是這樣，前半段靠體力，後半段靠毅力才能完成。好多事情其實我們大家都能做到，做不到是因為只顧著矯情前因後果，打聽著各種道聽塗說，卻始終對開始做這件事本身望而卻步。

我喜歡那些五官也許並不出色，但身材一直很卓越，而且每次見到都打扮得美美的女孩，這也是不漂亮的她們一種棒棒的人生選擇。我們臉上的微笑，後天的努力，成熟的豁達，生活的熱情，最終都會在歲月裡隱去原本並不出色的部分，只留下了一直卓越美好的模樣。

做個讓人生開掛的女孩，任何時候開始都不晚，跨越年齡，所向披靡。

先脫貧再脫單，先謀生再謀愛

1

崔豔高中畢業五年，但工作的時間加在一起還不到一年。如今二十三歲的她即便上班也只能是服務生之類的工作，但這樣的工作她嫌苦又叫累。後來去學技能報名課程，但也堅持不下去，於是就這樣幹一個月又歇半年地混著。

她生活在小城市，平時住在家裡吃父母的，零用錢也向父母要，可只靠父親一個人養家的收入實在供不起崔豔想要過的生活。男友斷斷續續交了幾個，可還是達不到崔豔的標準，用她的話說：「怎麼也得找個有錢人結婚吧。」

崔豔的母親今年忙裡忙外地招呼著七大姑八大姨給女兒介紹對象，覺得女兒再嫁不出去就成了老女孩，要毀在自己手裡了。可自己和丈夫就這麼一個女兒，她如果嫁個有錢人，爸媽老了也能有個依靠。於是崔豔索性也不忙著找工作了，平時除了相親、約會，就是在家玩王者榮耀，日子看上去也很忙。

終於有親戚介紹了號稱有別墅、豪車的生意人，該男三十多歲，出手很大方，除了買名包給崔豔，還買首飾給未來丈母娘。交往沒多久，男人提出要帶著老丈人發財，以為機會難得的一家人把積蓄都投資到所謂的生意上，結果男人「卷包燴」就這麼失蹤。

崔豔不但沒有嫁給有錢人，爸媽的錢還被「乘龍快婿」洗劫一空，人和家都變得更窮了。

2

小菲工作多年月薪還在人民幣五千塊打轉，跟人合租了北京六環外一間不到十平方米的小屋，每天花三個小時上下班，下班後一旦錯過了地鐵就回不了家。她說：「我也想多賺錢，可沒有遇到好機會，但女人如果能找個好老公嫁了，好好過日子也不錯啊。」

當然，她說的這個「好老公」一定要有房、有車和有錢，最好還有北京戶口。前段時間有人介紹了一個給小菲，一聽人家月入一萬，她就搖頭嫌太少了。而另一方面，人家一看小菲的照片，就把頭搖得跟撥浪鼓似的。

小菲的朋友圈裡也有好幾百人，一有點事就瘋狂發文，還有很多自己如何省錢的攻略和經驗，各種團購和搶購，各種抽獎分享和優惠券。她說：「男人都喜歡會過日子的女人，再看你的朋友圈，太貴，別人根本養不起啊。」

沒有人承認自己無能或是懶惰，但還是有些女人，明明有著強大的基因，卻偏偏被找男人、結婚、生孩子束縛了原本可以比男人飛得更高的心。既然拚不了爸媽就拚自己啊，二十多歲是用來奮鬥的，不是用來忙著脫單的。

3

林丹二十三歲結婚，三十歲已經是兩個孩子的媽媽，這樣的生活是很多老媽嘴裡的「正常日子」，但林丹的日子一點都不正常。老公因為父母有點錢一直就不正經工作，林丹要為自己花點錢他就百般不樂意，買了也什麼都嫌貴，公婆賺來的一切看上去也和她沒有一點關係。

夫妻倆和公婆住在一起，反正林丹不工作，生兩個孩子家裡也沒請過幫傭和保姆。婆婆要上班，所以基本不幫忙，回到家還要求兒媳婦做好一家人的晚餐。林丹有時候覺得自己就是個沒有薪水的保姆，照顧一家人的衣食住行，還要獨自帶兩個幼小的孩子。老公情願泡在外面的網咖裡，也不願回家陪孩子玩。

就算嫁的男人有錢又怎樣？人家不願意為你花，人家爸媽要求你孝順並且伺候到他們死，或許房產和財產才能留給你，而你也早就耗光了年華與心境，有錢都沒了花錢的去處，你還是窮了一生。

不努力經營自己，不在該成長的時候成長，卻用來急著戀愛和嫁人，結果呢？三十歲就被生活瑣事、孩子房子、婆媳關係糾纏，發現錢還是不夠用，男人沒用又想著去拚孩子試圖老了沾點光。結果四十歲就成了黃臉婆，夫妻關係陷入冷漠涼薄，丈夫出軌，孩子叛逆，甚至連性生活都已經日漸稀少了。

這是一個女人不努力、不自省、不改變的人生寫照，這也是很多女人正在走的路。因為自己不努力，於是每天都想著靠男人提攜自己，靠婚姻改變命運。

結果生活中更多沒事業、沒追求、沒錢，甚至沒點正事的男人，藉著各種因素順勢結婚，卻一點家庭責任都不負。

在國內，結婚還是很多女人為自己，乃至為自己整個家庭找的飯碗，越是低收入者越想更早進入婚姻，然後生更多孩子。原本「結不起婚」的男女，還要負擔另外一個完全沒有收入的配偶，養兩個以上的孩子，生活或是心理狀況的惡劣就不可避免。

在美國，中產階級結婚的比例更高，結婚日益成為地位的象徵。很多低收入者不是「結不起婚」，而是想等到經濟狀況改善之後再結婚。他們表示：「婚姻是承諾，如果有一個人失業了，另外一個人還可以照顧家庭，男女雙方經濟穩定再結婚是件好事。」

生活狀態好的男女心中，結婚代表著經濟寬裕和受過良好教育，雖然如今時代結婚不是必須的選擇，但有能力和相愛的人結婚，並且給對方穩定安全的家庭環境，依然是人生贏家的象徵。

我們身邊也有二十歲經營自己，三十歲經營事業，四十歲照樣戀愛、結婚、生子，甚至五、六十歲還能再披婚紗的女子，人家精彩的背後都是十二分拚命，才獲得了命運的垂青。

你越是優秀，就越是想愛就能愛，想嫁就能嫁，你離開誰，誰離開你，你都可以過得很好，就誰也不捨得離開你。很多人都以為往下走工作更輕鬆，實際上是往上走才會如此，因為層次高的人腦子聰明清楚，做事更理智。

你要的一切你都可以靠自己得到

1

Q小姐每天都在做著創業夢，手邊那份銷售的工作卻不好好幹，用她的話說：「每月就賺那一點錢，連買個LV都不夠，還整天風裡雨裡地跑市場和見客戶。」於是她想著怎麼才能賺錢快。

前兩年開了淘寶店賣女裝，也很賣力去批發市場進貨，只是忙活了三個月後發現生意慘澹，就沒了後勁。那時候開店本已不是最好的時間，但堅持一下多在貨品上下功夫，或許還有一線生機，但Q小姐不做了。

去年她又開了微店賣化妝品，做一個國產品牌口紅的代理商，看著也不錯。但沒多久她又說：「利潤太低了，我要賣到什麼時候才能賺大錢啊。」又過了兩個月，賣口紅的事情也停歇了。

去年夏天北京的房價上漲，帶動著周邊城市也開始上漲，Q小姐忽然開始借錢，說是要去河北買房子。原本我以為她是要自己住，結果人家是要炒房賺錢了。只是Q小姐全部存款就幾萬塊，付個頭期款也需要借債無數，人家知道她薪水只有人民幣五千塊的時候，怎麼可能借錢給她炒房子？Q小姐張羅了幾天後就沒有了動靜。

她雖然又有了新計畫，但公司卻讓她辭職走人了。銷售業績墊底，工作不努力不說還經常請假，現在哪個公司也不會養閒人，混也不是那麼好混的。兩年的銷售工作Q小姐甚至沒學到什麼經驗，再找新工作面試屢屢挫敗，這讓Q小姐很是沮喪。

Q小姐最近又來問我：「婚姻可以改變我的命運嗎？」我搖了搖頭：「如果你因為一直不走運，就一心想釣個金龜婿，那婚姻只會讓你的命運更不濟。」嫁得好當然是每個女人的嚮往，關鍵是感情是件至純至性的事，裝得了一時裝不了一世。就算是同樣能夠長久的政治聯姻或是利益聯姻，也要彼此家庭地位都程度相當才可以維持江山穩固。

但Q小姐又加入了某婚介公司當高級會員，而且還去上禮儀類的課程。她說：「我要去找個能成全自己的男人，創業需要本錢，我那點錢根本不夠用，這也不敢投、那也做不了。如果他足夠優秀的話，還能介紹更好的資源給我，人脈廣了就一定能賺到錢。」

如果現在的你看起來很不走運，那就別去相信男人和婚姻能成全你了，現成的好男人本就不好找，遇到了也看不上什麼都沒有的你。你當然可以說，想透過婚姻改變原本不堪的命運並沒有什麼錯，可問題是當你的不堪，特別是由虛榮心造成的不堪，已經把自己折磨到人不人、鬼不鬼的時候，誰還願意去成全你的美夢讓你過上什麼好日子？只怕躲還來不及。

2

H小姐結婚五年孩子三歲，老公家境不錯，她結婚之後就不再工作，但婚姻卻成了她的一場噩夢。老公喜歡喝酒，喝醉了就回家打她，開始時婆婆還勸勸拉拉，再後來就是替兒子開脫說那就是耍酒瘋。第二天酒醒了男人也會道歉，只是說自己忙著賺錢養家，在外面必要的應酬很正常，但下次喝多了還是會動手，根本不管兒子在不在旁邊。

但H小姐說自己不能離婚，各種理由之後最大的原因不過是老公能賺錢，自己除了挨打還是富足清閒的，她根本沒有出去工作的勇氣。她只是經常找人訴訴苦罷了，回到家該怎麼過還是怎麼過。

某天她被老公踢斷了一根肋骨，再哭哭啼啼說這些的時候，我忍不住提高了聲音：「那你就去請教練學散打，練跆拳道，每天去健身房打沙袋練力量，他再打你的時候，你就和他對打，打到他沒有還手之力為止！」即便不能離婚，也總有辦法去對付渣男，至少在需要的時候，你能以暴制暴也可以啊。

我們根本不需要告訴別人自己的夢想，不需要婚姻拯救命運，不需要向別人訴苦，即便眼前的世界看起來不太美好，也可以憑藉自己的努力改變和堅持，讓一切都慢慢變得沒那麼糟糕。唯有我們自己能夠成全自己，你想要很多很多錢，你想要很多很多愛，都要先靠自己去拚、去做、去得到。

女人拚臉也要拚才華，爸媽給的臉就算不漂亮，也不是你不能拚臉的理由。護膚美白、充足的睡眠和快樂的心境都能讓你煥發光彩。而那些真的拚得了才華的女子，又有哪個不在乎自己的臉？別被一些心靈土雞湯騙過去，以為只修內在就能百戰百勝。歷朝歷代都看臉，不是這個時代有多奇葩，而是你自己太難看。

近日為一家公司趕稿，總監打了N個電話和我溝通內容，交稿的時間也被一再提前。我終於在凌晨三點把企劃案寄到對方信箱，然後倒在床上美美地睡到了中午，可醒來拿起手機就看到，對方在早上五點就回覆了一封內容詳細的修改意見。她已經是位成功人士，卻還是這麼拚，原來別人都在我們看不到的地方更努力。

每個女人隨著時間的流逝，總有一天所有人都會被要求：你要去做妻子，要去做媽媽。可你自己不能忘記提醒自己，你還有才華，你首先需要成全自己，才有可能做一個幸福的妻子和有價值的媽媽。

女人靠自己變得優秀是為了獲得更多自由，更多選擇的機會。我們可以自行決定要不要戀愛，要不要結婚，或是要不要眼前這個男人，並且在每個決定之後，都能讓自己的生活品質邁上一個臺階。

冥冥之中，我們此生都有一個註定的人，或早或晚都會來到你的身邊，電視裡他叫「夜華」，生活中他叫「緣分」。每個女人都是在凡間歷劫的女上神，你要善於發現自己，並最終成全自己。上神不需要被夜華拯救，你只需要他來愛你，然後共同去發現和分享這個世界的美好。

你遭遇的所有艱難與辛苦，都不過是在歷劫，是為了成全更好一點的自己。什麼會牽制你，你就放棄什麼，什麼能成全你，你就追尋什麼。大風越狠，你的心就要越蕩，修練成上仙，還要飛升上神。

你看不慣我又幹不掉我的樣子，真好看

1

北京的第一場雪如約而至，早上打開窗簾，雪花紛紛揚揚像是一幅動感的畫面。

我拍了照片發微博說：「今天應該去故宮啊，下雪後的北京就變成了『北平』。」

下面有人立刻留言說：「今天故宮閉館，謝謝！」

故宮的美景遠遠不在於宮內，宮牆外的一切更適合人少的時候去散步和拍照，你不知道的事情太多，別動不動就暴露智商，謝謝。

之前有位女性友人，見面就喜歡嘮叨我：「別減肥了，對身體不好，人活這一世連吃東西都得控制，還有什麼意思？」看起來她也是為我好，可我的生活不是她想像的樣子，她的「好」在我看來，都是多餘。解釋？跟不相干的人做有關任何問題的解釋，也是多餘。

我用身材表達我不聽她的話，終於有一天她火大了：「你整天美美美，還不是離婚了？我老公就喜歡我這樣的身材，還不是天天把我當成寶。」我當時不知道她為什麼非要和我計較身材、體重，只是她胖而已，後來才知道，她老公手裡還有別的「寶」，而且是個不胖的小姐。

生活裡太多這樣的人，滿身負能量，嘴巴超級賤，不管熟不熟悉，甚至認不認識，一看到人家好心情就想去找麻煩。如果是生活中的熟人，一旦看到別人不為所動，就會開始各種說教，好像我們要是不能變成她那樣的人，簡直天理不容。其實最終目的就是希望我們過得比她更慘、更不堪罷了。

有些人以為自己這樣說或是那樣做，就能看到別人的笑話了。結果呢？你看不慣我又幹不掉我的樣子，真好看。

2

A小姐和B小姐是大學同學，面試同一家公司居然都成功了，兩個人還被分在一個部門。一年多以後，B小姐升任主管，A小姐就怎麼也過不好了。

先是部門傳出了B小姐和某區域經理的緋聞，大家指指點點的時候，B小姐倒是坦然。她說：「原本就沒有的事情，越解釋越亂。」人家還在為了完成最後一個季度的銷售任務拚命努力，甚至沒有時間去深究誰在造謠生事。

面對謠言，你去解釋的過程，就是謠言傳得更真更遠的過程。小人就像柴火，你越撥火越旺，你不去理會，慢慢地也就徹底熄滅了。

A小姐屬於那種嘴巴快過手的人，也博得過上司的賞識，於是利用她以為比較鐵的關係，她帶著團隊裡的幾個人開始和B小姐作對。A小姐控制不住嫉妒心，工作上自然也會出紕漏，B小姐作為主管就事論事，處理工作疏忽毫不留情，A小姐招架不住了。

面對年銷售任務超額完成的好成績，B小姐的工作能力得到大區經理的肯定，在部門裡的地位更加無法撼動。這時候，就算B小姐當作什麼事情都沒發生，A小姐的日子也越發難過了起來。她以為部門經理是自己人，但人家也是誰能完成任務，誰才是自己人，經理的年終獎是和任務完成情況掛鉤的啊。

年會上，B小姐穿著小黑裙向A小姐敬酒致謝，感謝她和團隊的共同努力。B小姐臉上的微笑分明在說：你看不慣我又幹不掉我的樣子，真好看。

職場上這是我們常常會遇到的一類人，本事不大，忌妒心很強，小事不屑，幹大事沒一套，甚至以為靠拍馬屁就能穩坐辦公室的位置。如果你是公務員，位置穩定處境也會艱難，心情不好別抱怨都是別人壓著你。如果你是公司職員，沒工作能力早晚都得讓位，年齡越大越是活不明白，跳槽都難。

無論你有沒有遭遇過職場小人和困境，防人之心不可無，不斷提升工作能力和職業素養是每個人都必須要做的事情，不論你是什麼職位、什麼薪水，我們都要擁有隨時開啟愛怎樣就怎樣、過快意人生的能力。

3

現在流行加微信好友，或許一生可能只有一面之緣的人都拿著手機要求「微信好友」，結果大家，都免不了加一些不是朋友的人微信好友，以便聯繫。

所以我不在意朋友圈裡刪刪減減的那些事，對每天發文太多的人也會選擇隱藏，頻繁發文會讓我打開手機看不到自己人的朋友圈，錯過了和家人互動、給朋友點讚。但是我發現有些人很在意，好像加了朋友圈就是朋友，被刪了就是一種侮辱。抱歉，如果你是這樣的人，別加我。

去年有位因為工作關係認識的小姐加了我的微信好友，剛加的一段日子她經常深更半夜跟我聊微信，說生活、工作中遇到的各種煩惱和問題。我卻是個不經常看手機的人，於是小姐開始在自己的朋友圈發洩對我本人的不滿。只是我還是沒看到，因為她每天N條微信朋友圈瘋狂留言，她的不滿隨後變成了人身攻擊，利用的還是之前看到我朋友圈裡的那點事。我偶然發現，一笑刪之。

然後我的社群網站文章評論裡也出現了謾罵之類的評論，仔細一看，也是這位小姐。朋友曾經跟我說過，有些人對刪好友這件事很敏感，所以即便不喜歡的人一般也選擇不刪，而是分組。結果是一樣的，就是都看不到人家不想給你看的東西，免得一朝變臉，有人利用之前的朋友圈內容別有用心。

這麼看，朋友圈裡也隱藏著定時炸彈啊，還是別亂發朋友圈為妙。其實沒關係，聰明人不論什麼圈，讓別人看的東西都是能讓別人看到的，不想讓別人看到的根本不發在微信朋友圈。你看不慣我又幹不掉我，就別白費力氣了。

如果有一天你發現我刪了你，請原諒，這和愛不愛、喜歡不喜歡沒什麼關係，那是因為我發現，你的世界真的不缺我一個，我的世界也一樣。你別自作多情，也少自以為是，克制自卑和敏感，就沒那麼容易受傷了，世事和情事，都大抵如此。

很多時候，別以為別人尊重你是因為你優秀，而是優秀的人對誰都尊重。別人不解釋不是因為你贏了，而是能贏的人根本不屑在你身上浪費時間。

那些每天都早起的人有多幸福

離我家不遠就是京城的中央商務區，辦公大樓、購物中心和高檔公寓並立。最近那裡開了一家二十四小時營業的港式茶餐廳，我就約了幾個閨密去喝早茶。

如今各種顏色的共享單車方便了短途出行的需求，即便是盛夏，清晨的陽光也算溫和，於是我騎著單車出發了。早上高峰時，無數條人潮使用各種交通工具向這個方向匯聚，擁擠得讓生活的詩意都失去了許多。

如今的都市裡，吃早飯彷彿都成了一種奢侈，單身的人幾乎都不會在家做早餐，有家的也常常只顧著孩子，顧不上彼此。要麼就在早點攤上湊合各種不知道什麼油烹飪的食物，喝著和大豆沒什麼關係的所謂豆漿。更多的人不吃早餐，情願睡到晚一分鐘就會遲到的時間點，再匆忙洗漱奔赴工作崗位。

不吃早餐會造成上午的工作、學習反應遲鈍，因常年不吃早餐引起的肥胖、胃病、膽結石等在年輕人中蔓延。營養學家證實，早餐是每個人一天中最不容易轉變成脂肪的一餐，早餐、午餐和晚餐比例最好是三比二比一，這樣能讓你在一天內所吃的食物在體力最旺盛的時間內消耗掉，增加營養而不是增添肥肉。

一天中最美好的時光和早餐，就這樣被糟蹋了，空著的肚子讓臉也冷著，炎熱的路途讓心也焦灼著。

《深夜食堂》之所以紅，是因為很多人晚上不睡、早上不起，到了夜晚只想發洩一天的焦躁。但他們卻不知道每天早起吃一頓豐盛的早餐，可以贏得多少努力的時間。

食物，最能撫慰人心，所以除了在家做飯，每個月我還會去幾次西餐廳和茶餐廳吃早餐，或西式或中式，儘量滿足味蕾的需要，其實這也是生活的需要。外出旅行選擇旅館，其中一個因素也是早餐需要豐盛的去處，讓我可以不睡懶覺，願意慢慢花上兩個小時喝足水和吃飽飯。

和閨密坐在茶餐廳的落地窗邊，吃著美味的食物，看著外面的人群，滿足感和幸福感油然而生。我們各有各的生存壓力和生活煩惱，但還是願意早起聚到一起，愜意享受一頓豐盛的早餐，然後再次匯聚到外面的人潮中，去奔赴各自的前途。

這時候，胃裡是暖的，心裡是美的，舉步維艱是因為我們在努力上坡，讓眼睛先看得更遠一點。

我愛上的是這樣一個自己，用心演繹所有不被人注意的時光，重視每一餐食物、每一點努力、每一段情感和每一寸人生，不那麼快樂的日子也能過得光鮮明亮，讓人瞬間原諒生活中所有的磨難。

我愛上的是一個每天都早起，週末也會去跑步不睡懶覺的男人。他願意花時間先陪我認認真真吃一頓早餐，再認認真真去做自己的工作。每天都早起的人身上有個明顯的特點，就是有很強的自律性，往往比很多人更有熱情和活力，也更有成功的可能性。

其實一出生就有人告訴我們，生活是場賽跑，不跑快點就會慘遭蹂躪，哪怕是為了出生，我們都得和兩億個精子賽跑。那時候我們跑贏了，得到生命，卻在以後的日子裡因為每天睡懶覺跑輸了，這真是可惜。

什麼熬夜工作，每天只睡幾小時，沒時間好好吃飯，多久沒休假了等，如果這些東西也值得誇耀，那麼從事高強度流水線工作的任何一個人都比你努力多了。

這些年我一直在提醒自己兩件事：一是千萬不要自我感動，你的努力跟別人比起來可能不值一提。二是千萬要好好吃飯保證健康和苗條，除了生死都不是大事。

我說：「早起的鳥兒有蟲吃。」你說：「早起的蟲兒被鳥吃。」有時候決定一個人命運的不是能力，而是選擇。

輯二

做一個有境界的女子

豐富自己的精神世界。

反正世上人山人海，我可以邊走邊愛

昨天閨密翹班和我一起去尋味京城下午茶，又去二刷了電影《戰狼2》，因為這部電影我們被吳京圈粉。閨密說：「他把女主強抱上直升機後，單腿跪地雙手一攤的溫情與霸氣，能瞬間擊中女人心。」

於是我們和各自的男人，然後是我們倆，去貢獻了不少票房。電影院位於這個城市最風情之地，晚飯的時候看完電影，我們還是免不了一場吃吃喝喝。巧的是，男友也在樓上的一家西餐廳裡和哥們吃飯。

閨密結婚十年，孩子兩歲，這個月輪到公婆帶孩子。如果是自己爸媽帶，閨密可以安心玩到更晚一點，但公婆在就得儘量早點回家帶孩子睡覺。即便是情感幸福穩定的男女，也是要有相處和經營之道的，我們也會各自找樂子，但並不耽誤繼續談兩個人的愛。

找到西餐廳的時候，兩個上班時衣冠楚楚、下班還是手機不離手的男人正在小酌，哥們遭遇離婚危機，顯得有些疲憊。老婆其實並不想離婚，真要離，兩年前老公開始傳緋聞的時候就散了。她只是斷斷續續地鬧著，又間歇性地放棄著，直到把裡子面子都扯破之後，男人要離婚，她又退縮了。

長達兩年的時間裡，她找不到老公的時候，就不分時間，甚至深夜還會打電話給老公同事和哥們，問別人是怎麼回事。其中有一晚，老公真是和朋友喝酒不省人事，打電話給她時，她又避而不來讓人家把老公送到旅館睡。那時候我以為她是真傷透了心，至少可以不再用愛折磨自己，也不用再麻煩別人了。

這是愛情嗎？自己的老公在想什麼、做什麼都不清楚，只能偷看著手機查問對方的行蹤。這是親情嗎？沒有血緣關係的男女，靠一個孩子就想彼此託付終身，可能最終也只是同床異夢的結局。

回不到過去，也沒有了重新開始的勇氣，男人原本也是職場精英，前途無量，現在卻掛著一副倒楣相，家庭事業兩耽誤。男人願意給房給錢，只是要孩子的撫養權，因為一直是自己父母幫忙帶大的。但女人不肯給孩子，男人也不願鬧僵，他希望即便離婚，兩個人還是可以相互看望照顧孩子長大。

這種結果原本是離婚最理智的一種方式，但往往還是女人想不通，擔心男人有了撫養權就不會讓自己看孩子。可生活中又有多少帶著孩子的單親媽媽舉步維艱？一些人不離婚的理由是——為了孩子容忍男人，一些人離婚了也仍然以為孩子好的名義攔著父親，或是父親的家人盡到照顧孩子的責任，這樣的人離不離婚都不幸福。

身邊也有離婚時鬧成了仇人的夫妻，霸佔孩子不讓父親見，見一面也得跟著。我問她：「為什麼？」她說：「我擔心他把孩子搶走就不再給我。」都還那麼年輕，男人很快就會再婚、再有孩子，你卻早就不是人家枕邊人，男人還願意支付撫養費和定期接送孩子，就已經是個好父親。真是孩子至上的男人，也不會離婚湊合著過了。

另一個媽媽，老公最近兩年出軌不斷，還各種沒臉沒皮和肆無忌憚。但她就是邁不出離婚這一步，她說：「我受不了孩子離婚後喊小三阿姨，或是媽媽，更不能想像讓她抱和親我的孩子。」只有你才會把自家孩子當個寶，後媽巴不得不去帶也不去管，更不願意抱和親。

所有鬧到不能再愛的愛情和不能再維持的婚姻裡，都沒有絕對無辜和單純的男女，越是想得多越是自己心虛，越是矯情賣乖越是因為自己離不開。

我們誰都不可能一生只愛過一個人，前段時間我接連在幾個遭遇情感困境的女孩口中聽到這句話：「過去車很慢，信很長，一生只夠愛一個人。」

現在的女人都在說獨立，一些女性一邊要和男人平等，一邊又以弱者的姿態霸佔道德制高點。就是分不了手，就是離不掉婚，也沒關係啊。別鬧到體面盡失，讓情感沒有了迴旋的餘地，再不濟也可以自己好好活著找點樂子，工作也好，愛好也罷，你自己永遠比男人和孩子更重要。

「很欣喜你來過，也慶幸你離開，反正人山人海，我可以邊走邊愛。」這句話是我熱愛的生活和情感的寫照。我沒有活成別人想要我活成的樣子，有質疑也可以用「關你什麼事」愛誰誰。

我從來不缺自己想要的愛情，也不排斥婚姻，但我不會勉強天長地久。一生很長，不光男人會變，女人也會變，不愛了放開手，也是在對自己和別人負責。對自己都不負責的人，常常會成為我們的負累，扔掉了也沒什麼可惜。

別說愛情和婚姻，先照照鏡子好好看看自己。一個無權無勢甚至連工作都無心努力的人，根本談不上什麼真正的自由，反而處處受限制，好男人遇不到離個婚都不敢。一個有身分有地位又富有的人，才能從容堅定地追求夢想，也更有力量留住和護住心中所愛。

昨晚回家的時候，男友的同事又約他出去談談，說是要辭職創業去了。他是男友的得力助手，男友未免有點兒遺憾。我說：「一個得力幹將要走，你明天上班就得立刻去重新排兵布陣了，以免影響到銷售任務，哪還顧得上傷感？」

對情感、對工作、對人對事我們都要當斷則斷，拖泥帶水大多是浪費了時間。在去愛、去努力的時候，如果我們從來都是全力以赴，那麼離開和失去就不會有遺憾。

反正這個世間人山人海，我可以邊走邊愛，一生努力的人從來就不會孤單。

你自己不夠好，喜歡什麼男人都是白搭

芳華和老公是大學同學，也是彼此的初戀，結婚到現在已經有十多年。她是理工科才女，如今是某家大公司的中層管理人員，老公是公務員，收入不算高但對芳華一直很好，甚至買菜做飯和收拾家都比老婆更上心。芳華除了忙工作上的事，家裡幾乎事事都不用操心，也一直沒有生孩子。

但今年芳華一家看似平靜幸福的日子，被一場突如其來的「愛情」打破了。芳華公司空降了一位高層，也就是她的頂頭上司Z先生，絕對的青年才俊，而且目前還是單身。公司裡一票女孩都沸騰了，都躍躍欲試，這其中居然也包括芳華。

他們倆有很多工作中的交集，偶爾也需要一起出差，接觸多了芳華越發被Z先生身上幹練、認真的職業氣質所吸引。她說：「其實，投入並且忙於工作時的男人最性感、最迷人。」芳華愛上了自己的上司，用她的話說，忽然感覺自己之前都白活了。

老公愛了她十年，芳華不喜歡孩子也沒有怨言，把老婆和老婆喜歡的狗都當成了自己的孩子寵愛著、呵護著。這樣的付出，如今在芳華所謂的愛情面前，都變成了無趣和庸碌。

之前從來不打扮自己的芳華，忽然要買衣服和化妝了，以至於某天一起吃飯，她遠遠走過來的時候我都沒有認出來。濃妝豔抹之下，是暴露的衣著，和三十多歲的她極不相稱。衣服買的是少女款，濃妝卻似老人，但芳華說：「我要和你一樣啦，每年都有改變。」

是的，每一年都要有改變，現在的你要比去年的你又好了一點點，這是我說的。但芳華是為了婚外愛上的男人去改變，甚至並不瞭解人家喜歡什麼樣的女人。

過了兩個月，芳華就變得沮喪起來。原來，上司除了工作，回避任何私下的交往，她深夜發的微信也從來不回覆，距離感把握得十分準確，並且有意無意透露出自己是有女朋友的。顯然，這不光是個高智商的職場精英，還是個高情商的男人。

但芳華不相信他的話，把這些當成是男人的藉口。她說：「公司裡的行政接待之類的小女孩都不知天高地厚地去撲他，他當然是看不上的，用女朋友來當擋箭牌。」

芳華還是向上司表白了自己的愛慕，Z先生面無表情聽完她的話，回道：「我有女朋友，而且快結婚了，出了辦公室的門我就當你什麼都沒說過，以後也不想再聽到。這個職位你的能力能勝任，我很滿意，如果你不想幹了，公司也不缺更好的員工。」

上司說完要出門，芳華卻崩潰地擋在了門口，人家不好碰她，只能坐回到辦公桌前，打電話叫助理。芳華當晚在酒吧裡哭，她說：「我知道他身邊不缺女人，但不管有多少個女朋友，我相信自己會成為他的最後一個。」

世間沒有一個女子會認為自己醜，哪怕是真不好看，在面對愛情的時候也覺得自己是最美的。芳華一直拉著我問：「難道我還不夠漂亮，不夠好嗎？他為什麼不喜歡我？」

我反問：「之前讓你打扮自己，你說素顏最美，讓你管理身材，你說你更喜歡管理員工，讓你把心思也放在家和老公身上一些，你說那是家庭婦女做的事，結果呢？你臉色油膩晦暗，體重和年齡一起增長，衣服上經常沾著狗毛，下屬和你的關係並不融洽，你還覺得是老公和婚姻無趣。」

芳華的上司確實夠迷人，而且人品無可挑剔，身邊女人無數，被所有人捕風捉影，也只是八卦。卻唯獨芳華要知難而上，以為自己少女般的愛情能撲倒任何男人。

換位思考一下，有家室的男人如果愛上婚外的女人，會被說成無品渣男。那一個有家室的女人去追求婚外的男人，又算得上什麼好呢？做著如此不漂亮的事，還要標榜自己有多漂亮、有多好，那些有底線和有原則的男女是不會信的。

你自己不夠好，愛上什麼樣的男人都是白搭。真能被你搭上的，也是一樣不夠好的男人罷了。

有些時候開始就已經註定了結果，只是你不信所以還要去嘗試。當底線和原則被放棄，遊戲就開始了不公平，而處於無理和劣勢的那一方想要表達自己的深情，或是想要挽留什麼的時候，還沒開口就已經輸了。

芳華不能自拔，經常喝多了酒給上司發微信、自拍什麼的，從未得到過回應，不久芳華就被調到別的部門。愛慕成了騷擾，騷擾又成了犯賤，就沒什麼尊重而言了。

高情商的男人眼裡除了自己愛的女人，別的女人都是麻煩，這是他的深情。他會在和異性相處中坦白直接，沒有曖昧，會有尊重，他先拉開了距離，女人如果糾纏不休，那接下來就是自取其辱了，這是他的無情。

我無意霸佔道德的制高點，去指責不在狀態的單相思和婚外戀，以我的年齡和閱歷甚至可以理解任何狀態下的情感，也唯有經歷以及痛苦才能讓我們獲得成長。

但我還是希望成年女子能夠早一點去選擇為自己好的事而努力奮鬥，因為唯有自己夠好的時候，我們才能過上在任何年齡和任何境遇都不缺愛的生活。

想遇到一些更好的人，接觸到一些美好的事物，想在遇見真愛的時候能與他並肩而行，在能夠彼此成就的時候進入婚姻，那從現在開始就應該做出改變，先成為有情商、有能力的人。看清自己，設立目標，一步步去努力，人生就隨時都有翻盤的可能。

情商低固然和所受的文化教養太少有關，也和有些人見的世面太少有關，又和懶惰、愚蠢有關。要學會拒絕，對和自己無關的人，對自己做不到的事，要變得無情一點。**要學會克制，能愛卻不該愛的人，有條件做卻不能做的事，你克制了自己也就克制了命運裡的不堪。**

很多人以為無情會讓自己遍體鱗傷，卻並不瞭解，傷口裡長出的會是一雙更有力量的翅膀。**很多人以為克制就是委屈自己，卻並不清楚，克制裡生出的是一種最自由的人生。**

沒有尊嚴和尊重的愛情都不是愛情，是犯賤和作賤。

女人最大的心願就是要人愛她

英國作家阿嘉莎·克莉絲蒂一生波瀾不興，貌不驚人，也心無旁騖，不過她卻有著傳奇的人生。一個普通的英國婦女，一輩子在打字機上琢磨了六十幾個殺人遊戲，構思精巧，邏輯縝密到結局，讀者才會知道真凶。

你能想像出，克莉絲蒂每天喝下午茶的時候都在琢磨什麼嗎？決定凶器是一把門縫裡插進來的奪命刀，還是一顆呼嘯著穿過樹林窗戶的子彈。

我也喜歡看克莉絲蒂偵探小說改編的電影，雖然目前只有《豔陽下的謀殺案》、《東方快車謀殺案》和《尼羅河謀殺案》。《尼羅河謀殺案》還有一個富含深意的結尾，經歷了謀殺遊客帶著各自的歡喜與悲傷下船離去，連母親被謀殺的女孩也因為有了承諾會照顧自己的男人，而喜悅甜蜜地跟白羅道別，但他告誡：「小姐，要小心點。」

然後，白羅立於船舷望著眾人的背影和尼羅河的碧波，意味深長地說：「女人最大的心願是有人愛她。」

這是法國作家莫里哀的一句名言，也是電影所增加的神來之筆。但我寧願相信這也是克莉絲蒂的本意，一個生活裡普通的女子說出了最真摯的心裡話。她當然足夠有才華，可以創造出一個奇思異想的世界，迷醉眾多讀者路人，但她最需要也最熱愛的，還是一個簡單的家和一份普通的愛。

某一天午後，女人在花園裡捧起下午茶，看陽光懶洋洋灑落在茶點和書上。這時候，那個深愛的男人走過來，低下頭，親吻自己慵懶卻發著光的女人。

我想，沒有一個女人能逃過這樣的心願。

因為很難實現，大部分的「愛」，最終也只是「愛過」，所以要稱其為「心願」。

咪咪大學時就讀完了圖書館裡所有克莉絲蒂的偵探小說，也一直暗戀著同班的男神，前三年她看著男神身邊的女友一個換過一個，悲喜交加卻從未曾有過機會表白。於是咪咪把大部分時間都用在讀書上，成績當然也拚過了同學，為自己爭到了保送北大念研究所的機會。

就在咪咪覺得默默關注會隨著畢業結束時，男神卻因為再次失戀，終於把目光投向了即將去北大繼續學業的咪咪身上，兩個人在畢業分手季進入了熱戀。男神是北京人，本科畢業後工作了，咪咪原本打算住校，但最終還是住到了男神家另外一間房子裡，兩個人同居了。

那段時間，咪咪比上大學忙多了，除了學校課程和導師安排的工作，還要趕回小屋為男神做晚餐，扮演著他喜歡的女友類型。男神說：「女孩不用那麼努力，你看我們有房有車，你就安安心心做我的小賢妻好了。」

這並不是咪咪喜歡的，她的家鄉在湖南農村，家裡還有一個弟弟，父母只是農民，能供她讀書已經很不容易，她還擔負著幫助父母支撐家庭的責任。她沒有忘，所以有了男神後覺得自己能更快安定。

男神剛畢業薪水不多，常常不夠自己應酬吃喝，而且男神很愛美，每天晚上都要敷面膜，咪咪卻多年不化妝也不怎麼護膚。男神說：「你別和那些庸脂俗粉一樣，我就喜歡你素面朝天。」

再後來，研究生畢業了男神也不提結婚，跟咪咪春節回過一次老家的經歷，還讓男神在朋友面前取笑她的出身很久。我甚至也聽過他說起咪咪家人取暖的方式落後不衛生，弄得我這個初次見面的人都很尷尬。咪咪不高興，男神卻說：「我就是開個玩笑，你那麼當真幹嘛？沒意思。」

咪咪問我：「我還結得了婚嗎？」我搖了搖頭：「很難，就算結了，日子或許還不如現在。同居你也一直是靠自己，而且還要照顧他，再有了孩子呢？這不是你想過的生活。」

男人對女人連最起碼的尊重都沒有，這樣的愛，要不只是及時行樂，要不就只是愛過。

那天也是午後的下午茶時光，咪咪順利進入一家國企，連戶口問題也一併解決了。她說：「我已經和多年前的那個男神分手了，我現在的男神具體是什麼樣子還不知道，但邊走邊看吧，總會再有的。」

有時候不是你做了什麼，人就是這樣，愛會消失。但過段時間，或是換一個人，愛就會重生。

雯雯倒是很年輕就嫁給自己的男神，然後在地方城鎮裡相夫教子。和她大部分同學朋友一樣，沒幾年就一邊在朋友圈裡曬幸福，一邊說平平淡淡也是真了。只是老公幾年前愛上了別的女人，她一直活在「鬧離婚」和「要原諒」裡，如今只要一有爭執她就和老公冷戰數月，孩子也慢慢變得不愛說話了。

老公變成了雯雯心裡的外人，後來到了連她最愛的孩子也無法和她心意相通，她撐不住了。人還未到中年，對婚姻就完全沒有了期待，甚至性生活也漸行漸遠，男人卻和別的女人如魚得水。她為了孩子活著，對孩子卻未必是好事，因為父親對孩子的影響，遠不如女人想的那麼簡單。

生活裡有多少已婚女子，面對沒有臉面的婚姻真相，心裡充滿了抱怨與不甘，把生活和工作都弄得一團糟。越是想要關注，就越是鬧到冰冷，越是渴望愛，就越是過成了不能再愛。

既然不愛，或是不再愛，那就分手離開。可這時候，有些女人終身都走不出那一步，甚至沒錢買一張回娘家的車票。娘家？有女孩曾跟我說過：「從出嫁的那一刻開始，我的娘家就沒有了。」

凌風是雯雯的高中同學，三十好幾了還是單身，曾經被雯雯們嘲笑過無數次的女孩，已經是上海一所名校的副教授了。雯雯帶患了抑鬱症的女兒去上海看病，凌風約在半島酒店請老同學喝下午茶。

那天凌風對自己還是單身，每次回家都被雯雯這些同學，甚至是同學父母取笑的事，做了唯一的一次回應。

她說：「說我固執難以相處的男人和女人多了去了，也不差你一個，我好不容易熬到同齡人出軌的出軌，離婚的離婚，有小三的有小三，生二胎了還在鬧離婚。我一定要堅持住，處不了就不處，我面色安詳、波瀾不驚，內心的愛意洶湧只留給能讓我動心的人。」

雯雯無言以對，凌風只是現在還沒有結婚罷了，並不代表人家不會被愛，現在她有才華也有顏值。自己曾經被愛過又如何？現在沒有了才華，也沒有了顏值，甚至自己心裡早就沒有了愛意洶湧。

到頭來，自己才是不懂愛的女子，而凌風因為一直珍藏著愛情，並且心懷美好的生活，心身還都是一副少女的模樣。

誰的前半生不曾顛沛流離？走過千山萬水，做過一蔬一飯，有了聚合離散，這是成長。後半生就成了一種不死的欲望，生活的舉手投足間都自帶光芒，這是愛。

女人最美的樣子，不是相夫教子，不是素面朝天，不是乖巧省錢。而是你已經靠自己過上了更好的生活，卻依然帶著精緻的妝容不忘初心，相信世間一切美好的人和事永遠存在，你就是其中的一部分。

既然要人愛我，我先得好好愛自己。不是嗎？

熱愛生活的人有時候也需要負重前行

武漢機場的計程車候車區裡，小女孩依依在玩耍，媽媽少雲是一位夜班計程車司機，也是單親媽媽。依依五個月的時候少雲就獨自帶著女兒謀生了，那輛計程車就是依依流動的搖籃。

寒來暑往，母女倆一起度過了九百多個不眠之夜。凌晨三點多，大部分夜班司機都已經下班回家，少雲總想再多載一個客人，於是繼續在街頭轉溜。依依已經在座位上睡著了，那裡鋪著一床小毛毯，就是女兒的床了。

少雲說：「這樣帶著女兒出車有危險，但家裡沒有人幫忙照顧孩子，我又不放心把她獨自留在家中，所以就這樣帶著，一路小心駕駛。」

母女倆住在出租屋裡，天空泛白的時候，少雲才抱著熟睡中的女兒走向家的方向。這樣的生活，她們不知道要過多久，但這位媽媽一直都在努力工作賺錢，養活著自己和女兒。

每天安全駕駛，多載一些客人，保證女兒健康長大讀書上學，這就是少雲目前想過的生活。她也不是沒有過絕望，只是絕望過後，自己要活孩子要養，自己不能倒下，因為身後空無一人罷了。

麗雅最近幾年都是在做兩份工作，白天是公司白領，晚上再去超市值班。她父母是老來得子，如今已經七十歲了。前兩年一直是家庭主婦的母親癱瘓在床，全靠父親一人照顧，現在父親的身體也差了，麗雅的薪水便都用在了父母的醫藥費上。

現在麗雅要負擔父母的生活費和保姆費，但在北京工作幾年的積蓄因為當年救治母親早就用完了，這三年她不得不找兼職多賺些錢。麗雅原來的男友因為她家庭負擔太重離開了她，去年春節因為要請假回老家照顧住院的父母又失業了，四月過後才找到新工作。

那段時間麗雅什麼都沒有說，朋友圈也很沉寂。只是有天晚上我們一起吃飯時，她忽然放下筷子，哭著說：「我都累得不想活了。」

她三十歲了，在北京上學工作快十年，沒有房子、沒有男友，也沒有存款，甚至現在還沒有了工作。但她不能回老家，因為在北京賺的薪水才夠支撐一家人目前的開銷和生活。

什麼樣的安慰都輕如鴻毛，我只是給麗雅夾菜，說：「先好好吃飽飯，明天才有力氣再去面試。」麗雅就那樣一邊哭著一邊吃，嘴裡塞滿了食物，然後又狠狠咀嚼了吞下。

我記得之前看過一則新聞圖片，一個中年男人坐在路邊，大口吃著手裡的麵包，一邊哭，一邊吃。

這個城市裡還有很多人，活著就已經很吃力了，容不得矯情、作死。說食物能撫慰心靈，不如說我們只有吃飽了，才有力氣抵禦絕望。誰不是一邊熱愛生活，一邊又不想活了？但最終還都在忙著好好活著。

一位外國帥哥，原本身材還算勻稱，卻在一次意外中傷到腳踝做了手術，不得不躺在床上吃了睡、睡了吃，腳踝好了體重卻飆升了二十公斤，成了皮鬆肉懶的胖子，更糟糕的是，他又因此被公司解雇了。

他覺得命運真的對他不公，讓他從一個美男子變成了一個胖子，懊惱沮喪、窮困痛苦之後，他決定透過改變自己來改變命運。目前他該做的就是減肥，並且他還用鏡頭記錄了自己用運動減肥的全過程。

對一個沒有運動習慣，甚至從學校畢業後就再也沒有運動過的人來說，透過運動減肥是極為殘酷和難以堅持的事情。帥哥不斷加大運動量，一週、兩週、三週、四週後，照片上的他體重和身材完全沒有變化，這讓我這個看客都有些崩潰，更別說他本人了。

到了第十四週他的身形已經好看了一點，同時又到了一個平臺期，預示著體重不會再下降很快。第二十三週他的自拍畫風驟變，美男子漸漸回歸，第五十週王者歸來。他說：「有目標就不要輕易放棄，堅持下去，讓夢想離你更近。」

寫這篇文章的時候，旁邊桌上一位年輕女孩正在喋喋不休地跟閨密抱怨，工作上同事不是好人，情感上遭遇渣男，自己又節食又鍛鍊，可就是不見瘦等等。她的身材屬於肥胖型，她一邊抱怨一邊流著汗，滿臉的痘痘都在昭告著天下，自己有多不討人喜歡。

好身材的因素很多，不是光靠節食和鍛鍊就能擁有的，甚至還包括我們活著的心境與善意。說自己死都減不了肥、一見到食物就忍不住、滿身負能量的人，吃相難看，已經不僅僅是因為胖了。

我們中的很多人面對身材只剩下吃喝，面對情感只剩下將就，面對工作只剩下混跡，面對生活只剩下忙碌。即便我們還擁有最幸運的健康，更多的人也毫不知感恩，情緒長期在焦慮和抑鬱中掙扎，身體也會跟著出毛病。而這一切都會反映在你的外在上，從而影響了運氣，又阻擋了緣分。

我無法想像一個女人不讀書、不工作、不賺錢、不努力、不運動、不減肥，在對美好說不的情況下，結婚生子，甚至還要生兩個孩子。然後再抱怨入不敷出、男人劈腿出軌等。經濟窘迫之下，所有的愛都變得不成愛，所有的苦都是自己不願去改變的結果。

我一再說減肥、說運動，不是要讓你一定有多瘦，而是要你一定要多美，因為**這種堅持美好健康下去的生活習慣，就是身為一個女人最高級別的自律**。你能做到多好，你的人生就會有多精彩，好處遠非得到一個男人的愛那麼簡單，而是會有得到生活獎賞的驚喜。

那些總是抱怨自己收入不多、別人愛你不夠、世界對你刻薄、命運對你不公的人，你對工作、對情感、對自己、對生活就真做到負責、努力和堅持了嗎？幸福離我們並不遙遠，只是它一直在那些顏值高、身材好、內心強大豁達、一直堅持做好一件事、積極樂觀的人身上。

我走進過生活最黑暗處，所以知道那個方向會有光，我靠近了時光深處，所以知道世間所有活得綺麗的女子都終將花開。

永無落魄：張愛玲到死都是百萬富翁

張愛玲年輕時就是個愛美也講究的女子，她在《童言無忌》中寫道：「生平第一次賺錢是在中學時代畫了一張漫畫投稿，報館給了五塊錢，我立刻去買了一支小號的丹琪口紅。母親怪我不把那張鈔票留著做個紀念，可是我不像她那麼富於情感。對於我，錢就是錢，可以買到各種我所要的東西。」

一九五〇年的丹琪口紅，造型像一款子彈頭，顏色是大紅色，非常張揚。

張愛玲年老的時候還穿蕾絲睡衣，戴著假髮。即使牙齒都掉光，依舊只吃香港超市中的進口食品。這樣的生活，沒有錢是支撐不了的，沒有心境也是打扮不下去的。

大家閨秀愛錢不是什麼丟臉的事，反而顯得接地氣，張愛玲從不吝嗇表達自己喜歡錢。她說：「我只知道錢的好處，不知道錢的壞處。」

張愛玲的小說《色戒》中，王佳芝和易先生一起進餐，王佳芝喝過的玻璃杯口上，有一個特別明顯的口紅印。很多人看來沒什麼，因為名牌的口紅也會掉色。不過易先生的一句話就暴露了王佳芝的稚嫩，他說：「留心的話，沒什麼事情是小事。」

王佳芝不是出生在富貴人家，但張愛玲是，所以這些禮節，張愛玲會比王佳芝做得更得體。她筆下的女人們，很多都帶著她的口紅，她的倔強和她的氣節。

張愛玲喜歡錢，也一直筆耕不斷地賺錢，但她並不貪婪、吝嗇。第一任丈夫胡蘭成因為漢奸身分到處逃亡，又在溫州和別的女人以夫妻名義同居。張愛玲找到溫州，三個人在旅館中見面，她看著那二人相處的場景，只覺得那個女人像是胡蘭成的親人，反而自己倒像是個客人，於是她恍然大悟，原來此情已斷。

但此後將近一年的時間裡，張愛玲還在用自己的稿費接濟胡蘭成，直到胡蘭成脫離險境有了安穩的工作後，才寫來了訣別信。隨信而附上的，還有三十萬元的分手費。

七十五歲的張愛玲在一九九五年九月於洛杉磯一所公寓內去世，幾天後才被發現，原因是心血管疾病。此後一些報刊以「生活拮据」、「生活狼狽不堪」、「像狗一樣工作」形容，其實都是對一個看似孤獨終老的女子的以訛傳訛罷了。

張愛玲的第二任丈夫賴雅一九六七年去世後，她就獨自一人生活，離群索居，不喜見人，電話響了也不接，除非是事先寫信約好的來電。她也很少寫信，只是偶爾和密切的朋友、上海的姑姑和弟弟通信。

移居美國洛杉磯後，她的朋友莊信正當時在紐約，當張愛玲需要幫忙的時候，莊信正就讓朋友林式同去幫忙照顧。她晚年曾經頻繁搬家，每次找新的居住地時，林式同都給予了幫助。

林式同也處理了張愛玲的身後事，他後來寫道：「門旁靠牆放著那一張窄窄的行軍床，上面還鋪著張愛玲去世時躺的那床藍灰色的毯子，床前地上放著電視機、落地燈、日光燈。對門朝北的床前，堆著一疊紙盒，就是寫字臺，張愛玲平時坐在這堆紙盒前面的地毯上做她的書寫工作。」

張愛玲在花旗銀行、美國銀行共有六個戶頭合計三萬美金。張愛玲遺囑受益人是朋友宋淇夫婦，他們在香港也幫張愛玲買過一些外幣及其他存款，有三十二萬多美金，這在一九九五年是一筆相當可觀的數目，張愛玲是個百萬富翁。如果以現在很多人的追求來看，她在美國或是香港都可以輕鬆買房，還不只一棟。

只知道錢的好處的張愛玲從未落魄過，到死她都是個富有的老太太。遠渡重洋、獨自居住、頻繁搬家、不見生人等等，外人看上去顛沛流離的日子，不過是因為人家張小姐喜歡，錢又可以讓她更自由隨性地去選擇這樣的方式生活。漂泊，一直都是勇敢者的遊戲。

張愛玲是精緻的也是世俗的，但世俗到如此精緻，除了她別無第二人。讀她的作品會發現她對人生樂趣的理解很絕妙。張愛玲的才情在於她發現了這些，然後寫下來告訴你，讓你心生希望，但她不是在炫耀。

宋淇夫婦在張愛玲去世後不久也相繼離世，二人雖也不富裕，但從沒有動這筆遺產做自己開銷。宋家後人在香港大學設立了張愛玲獎學金，用於資助本科女生等等。張愛玲就是從香港大學肄業後走向文學之路的，誰知道若干年後，被資助者中會不會再湧現幾個張愛玲？

身邊曾經有不只一個女人說起：「女人就得趁年輕趕緊找個男人嫁了，不然像張愛玲那樣，老了一個人死在家裡都沒人知道。」

那又怎樣？張愛玲終其一生，橫空出世以來，都旁若無人地活著，聽天由命地走著，堪稱民國奇女子。她筆下的孤傲靈魂，決絕的情感，清冷的處世，影響了一代又一代的讀者。她自己賺錢買花戴，不買房、不買車深居簡出，去世後的巨額遺產還在資助讀書的學子。

張愛玲留下的遺物還有三樣：手稿、假髮和口紅。寫作用來安撫內心，她去世前一年還出版了自傳。假髮用來抵抗歲月，她一直都很瘦很美。口紅則是給暗下去的日子塗一抹顏色，到死都愛著口紅的女子內心世界也註定如口紅一樣色彩斑斕。

民國時期的陸小曼，上一次街就要買六支口紅，名媛唐瑛在二十世紀三〇年代就開始用 Dior 口紅。歷史上的名太太到老了以後幾乎都深居簡出，但即使是這樣，在個人儀表上她們還是一點都不含糊，粉要擦還是得擦，口紅要塗還是得塗。

那個活到了一百一十二歲的復旦女神嚴幼韻，一百一十歲時還穿著旗袍，佩戴翡翠首飾，塗著紅色的口紅和指甲油，甚至在生日舞會上，還堅持穿著高跟鞋跳舞。然而她熱愛美麗，卻不是為了媚人，而是為了悅己。

活成了女神的女子是不會允許自己過得落魄不堪的，即便身處亂世、輾轉顛沛，也可以省著用一支口紅，仔細漿洗熨燙旗袍，給高跟鞋的跟釘上皮掌，吃蜂窩煤爐烤出的吐司，在補釘上繡一朵花，千金散盡還復來，淡定讀書，工作到老。

女人的芳華，永無落魄。做人最要緊的是姿態好看，別浪費、別糟蹋、別放棄，換個方向前進，換個人再愛，眼前的世界就不一樣了。

你得到的都是你自己的嗎？

日本女星佐藤麻衣幾年前嫁給身家三十億的台塑集團王泉仁，最近她被曝出豪門生活早已悄然發生變化。現在佐藤麻衣每個月可以領到人民幣十一萬的生活費，平時她除了帶兩歲多的兒子就是與友人聚會，已經有很長時間沒見到自己的老公，這位丈夫、爸爸甚至半年的時間過家門而不入。

我以為這是個悲傷的故事，但沒想到很多網友評論卻直呼「這樣的日子太爽」、「每個月給我十一萬，還要老公幹嘛？」好像很多女人都可以接受這樣的守寡式婚姻和守寡式媽媽的生活。

看起來有不少女人寧願手裡有錢，也不願身旁有人，認為這樣的生活更安心。錢和男人之間，如果你選擇的是錢，這無可厚非或許還很勵志，但你選擇的是男人的錢，結果或許大相徑庭。

這或許就是生活中還有不少女人像是一把「乾柴」，遇到點所謂愛情的火花，就把自己燒成了灰燼的原因。誰也不能否認，錢彌補不了情感的空閒和身體的寂寞，沒錢也渴望得到溫柔愛撫。

小L離婚又結婚，如今年過四十，沒有孩子，養了一條狗，老公在另一個城市工作，但城際列車已經把距離縮短為週末就可以回家陪老婆，而且每年可以帶回一百萬。但小L還是有些寂寞，她覺得愛情就得是朝朝暮暮相守，和錢沒關係。

小L愛上了公司新來的男上司，比她年輕，長得不錯，職場精英，據說在原來的公司除了業績好就是女友多。但小L決定搏一搏，在經過幾個月辦公室裡朝朝暮暮的工作之後，小L向上司表白了。

結果人家根本無心聽下去，淡淡回應：「我有女朋友。」小L準備好的全套臺詞都被男人的傲慢打亂，最後只剩下了撕心裂肺：「我就是愛你，你之前有多少女友我都不在乎，你只要和我在一起，所有的女人都能在我這裡終結！」

我聽說這個故事的時候，笑得一口水噴了出來。或許是她老公每年的一百萬年薪造就了她的自信吧，因為她自己那不到八萬的年薪買花戴都有點勉強。

身邊還有一個女人，老公長年出差，但一年可以帶回家兩百萬，她也耐不住寂寞出了軌，而且還是和一個有家的男人。她倒是義無反顧地離了婚，打算投奔那個男人的時候，他卻逃了。

手中有錢，你手中拿的是誰的錢？拿自己的錢，我們需要很多時間去努力、去學習、去修練，如果終得佳偶會心意圓滿、無暇空虛，即便孤獨終老也是自己的自由。

課外班門口一個歇斯底里的媽媽正在大聲呵斥孩子，而那個頑皮孩子撲上去拽住她的頭髮不撒手，就是為了搶回手機繼續玩遊戲。

學校放暑假輔導班的學費至少兩萬以上，如果再報個國外遊學的夏令營，那就再加三萬以上，能在這裡經常出現的媽媽不論是自己賺錢，還是用老公的錢，都至少得是個中產階級。

但這個媽媽和十歲的兒子在教室門口的地上打成一團。媽媽的頭髮被扯落在地上一縷，旁人去拉架。她崩潰地哭喊：「你爸爸從你出生就沒怎麼管過你，我一個人帶大你容易嗎？你就這樣報答我？」

這樣的媽媽能帶出什麼樣的好孩子？自己都活在攀比、矯情、缺愛和焦慮的世界裡。如此的孩子即便到了羅馬，遊學了世界又如何？沒有教養就沒有收納世界的格局。

你算不上全職太太，只是個居家保姆

1

小慧專科畢業後就沒正經工作過，但她吃穿用在同學中都算是最好的。她不是有錢人家的孩子，老爸在郵局送件，老媽被工廠買斷工齡後就在家買菜做飯。小慧中學時成績差，爸媽傾盡財力才勉強供她讀了個自費的學院。

好不容易畢業了，小慧的工作卻一直沒著落。不是找不到，而是找到了小慧卻總是嫌遠、嫌忙、嫌錢少，有時候只上一天班就不去了。她每天要麼蝸居在爸媽住了三十年的三十平方米老屋中打遊戲，要麼就是伸手要錢和同學朋友聚會吃喝，這樣的日子又過了兩年，小慧爸媽開始張羅著讓她嫁人了。

家裡早就為了養小慧掏空了家底，小慧老媽一心想要女兒嫁個有錢人，自己也能跟著享福。整整一年的時間小慧都在相親，當然更沒有時間工作了。終於在二十三歲時嫁了個工廠老闆的兒子，據說很有錢，但小慧的老公也從沒有工作過。

兩個人很快結婚，小慧父母用男方的聘金錢換了一間新房子，小慧成了「全職太太」，過上讓閨密羨慕的生活。但結婚沒多久，小慧就發現，老公家的工廠生意不景氣，還欠著銀行貸款，這兩年不過是在勉強支撐，老公想拿點現金出來做家用，都得先過管財務的婆婆這一關。

小慧生第一胎的時候，婆婆說反正她也不工作，自己帶孩子就可以，結果坐月子都沒請過人，最多就是小慧老媽偶爾過來幫忙。孩子必須自己帶，小慧手忙腳亂，而那個從沒工作過的男人，最欠缺的就是責任心，情願泡在網咖躲清閒，也不願意面對哭鬧的孩子和抱怨的老婆。

又過了幾年，小慧老公家的工廠倒閉了，小慧老公也不得不去找工作賺錢養家，而小慧已經徹底沒有了面對生活的勇氣。她懷了第二胎，看在或許是個男孩的份上，婆家偶爾還會給點生活費，但家務和帶老大是沒有人會幫忙的，老公如今的月薪也就幾千塊，居家保姆的薪水在小慧的城市也得三千元。

老公說：「請什麼保姆？你又不上班，女人做家事帶孩子有什麼難啊。」這個男人每個月給小慧一千元家用，就解決了三千元的壓力，於是他得以繼續混著日子，還可以有點閒錢就亂花。

即便偶爾精心打扮後去和昔日的同學朋友聚會，小慧已經不再說自己「全職太太」的美好生活，而是除了抱怨就是訴苦，各種不如意都掛在了臉上。

一個從來沒工作過的女孩，最欠缺的就是面對挫折的抗壓力。所以每每遇到事，表現出的就是焦慮、煩躁、吵鬧、哭泣，然後呢？就是等待，繼續等待根本不會有希望的依靠和改變。

2

愛琳的大女兒已經上小學，身邊好幾個朋友都在生第二胎，她也動了心。但懷孕生產還要照顧老大，愛琳覺得自己再去上班就忙不過來了，就自作主張辭了職。

原本覺得自己有房有車，老公收入也可以支撐家用，但天有不測風雲，孩子快生了老公卻突然失業。而這位四十多歲的男人在找工作遭遇打擊，變得一蹶不振，有半年的時間都窩在家裡不願出門。

房貸、車貸和養育孩子的費用一直高昂，兩口子都失業是大城市中產的「末日危機」，何況現在還有個襁褓中的老二。她連請月嫂的勇氣都沒有了，雙方父母都在外地，而且都已年邁帶不了小嬰兒，愛琳只能自己忙活。

號稱強悍的她忽然就老了很多，老公後來雖然有了新工作，收入卻大不如前。愛琳說很想去上班賺錢，但小兒子還沒到上幼稚園的年齡。可上了幼稚園就不需要人帶了嗎？她繼續嘮叨：「現在很多幼稚園不可靠，孩子太小受欺負不會說，保姆更是不讓人放心……」

其實不是生個孩子就必然會使女人的生活陷入混沌拮据的狀態，身邊有兩個孩子依然在工作，並且孩子健康快樂，家庭幸福的女子有的是。這不是錢的問題，還和個人素質、性情、情趣以及家庭成員的付出有很大關係。

愛琳家裡到處堆滿了孩子的玩具和大人的衣物，幾乎插不進腳。老公因為事業不順心，回家不是發脾氣就是躲進書房什麼都不幹，愛琳蓬頭垢面地忙著兩個孩子和家務，連一個居家保姆的樣子都不如。我們公寓樓裡的幾個保姆，冬天也常常在晚上七點後，聚在樓下溫暖的大堂裡跳舞。

儘管上班族朝九晚五，擠地鐵、坐公車忍上下班路上的辛苦，還要應付工作上的種種，週六週日或許也得加班。但比起很多不上班的全職主婦來說，職業女性依舊會因為有形象、有動力、有價值、有尊重，在外在和內在上都勝出許多。

身邊很多不上班在家帶孩子的女子都稱不上「全職太太」，只能算個「居家保姆」，首先是因為家庭收入並不足夠女性退居幕後相夫教子，更何談享受生活。其次是很多家庭主婦自身文化素養不高，很難在沒有約束的環境裡達到自律，時日久了很可能精神垮了、顏值走樣、情緒易怒。

在忙碌的工作中老去和在糟糕的家庭中老去，是兩種人生結局。一個是賺錢到老，搞不好還能大器晚成呢，一個是嘮叨到老，很可能成為窮困潦倒的孤家寡人。

3

我們無法選擇自己的出身、樣貌、智力等，但後天的努力依舊可以彌補缺憾。最應該彌補的就是眼界，眼界的大小註定了我們人生的格局有多大，前途有多遠，甚至幸不幸福。

當年，卡蜜拉和英國查爾斯王子在溫莎市政廳舉行婚禮後，卡蜜拉被稱為康瓦爾公爵夫人殿下。之後又宣布，當查理斯王子繼承王位後，卡蜜拉被稱為伴妃殿下或者夫人殿下，而不是「卡蜜拉王后」。

卡蜜拉嫁了王儲，卻沒被認可為「王后」，並不是因為她離過婚，或曾經是「第三者」。而是她從學校畢業後，沒有從事過任何工作，每年只是從家族遺產中得到五十萬英鎊，過著衣食無憂的生活。

她沒有工作，只是依靠家庭供養的富二代，這是其與查理斯王子相戀時，被伊莉莎白王太后、英國女王以及王室貴族成員強烈反對的主要原因。雖然擁有王儲查理斯夫人的名號，但她並不具備傑出的天然素質以及貴族氣質，能夠成為未來的王后。

你知道現在有些父母是怎麼教育九〇後子女嗎？據說是「不要找一個從沒有工作過的人談戀愛」。

如果你的父母沒錢，但你工作努力有成就，那你的家庭也不失教養與體面。如果你的父母有錢，你還是努力工作追求個人夢想，那你的家庭具備傑出的天然素質和貴族氣質。

先讀好書再上好學，先做好人再做好工作，先靠自己看遍世間繁華再找個人分享成功喜悅，先過好自己再談生孩子，或者乾脆一個人優雅的老去。這是選擇，亦是自由。

自己會發光的人是什麼樣子的

1

閨密是個八〇後，十年前因為北京男友求婚從南方來北京定居。如今兩個人結婚八年，孩子兩歲，夫妻倆的恩愛閨密從未曬在朋友圈和炫耀在嘴邊，只是被身邊人感受在心裡。

我很少羨慕別人，自己的人生選擇也起起落落，活著就是一場折磨。可閨密的生活卻是另外一副模樣，那是真正的平靜執手，溫暖陪伴，活著也可以不折磨。我羨慕閨密。

閨密小巧玲瓏，多年前見到她的時候，鄰家女孩般可人，多年後做了媽媽的她，身材不變、容顏未改。她一直都在工作，工作換過，職位高了，一定是越來越忙的，可從來沒聽她說過，也沒見她焦慮過。壓力怎麼可能沒有？每一個身處大城市的外地人，都會遇到更多的困難，但閨密連說話的聲音都沒有改變過，一直溫聲細語。

她甚至還是個路癡，這一點，來自她家先生的守護。她的先生比她大十歲，北京人，談戀愛之前就靠自己貸款買了房子。像很多北京男人一樣，對人熱情，嘴有點貧，有情趣，喜歡攝影。在外面看上去一副大男子主義的模樣，但關起門來什麼都聽自己老婆的。

這個男人一定深愛著妻子，他牽著她的手走在自己城市的大街小巷，給予最深情的保護。閨密也一定深愛著這個男人，她被他牽著手就根本不需要帶腦子出門記路，只管陪著他走進幸福深處。

他們倆每年去一個沒去過的地方旅行，閨密會提前準備出行的漂亮衣裳，這是當下的幸福，先生會拍許多美麗的風景，這是將來的回憶。他們結婚多年後才要孩子，因為先生說：「你到北京後需要時間去愛上這個城市，我們也需要再長大一點，才適合做別人的爸爸和媽媽。」

夫妻倆都是靠自己薪水生活和立足的人，同樣面對高房價、高物價、養孩子等諸多問題，卻不慌張、不焦慮，也不攀比，努力做好自己能做的，認真經營已經擁有的。結果呢？該有的也都慢慢有了，而且還比很多人得到了更多。

閨密懷孕的時候也算是高齡產婦，照常工作生活，生寶寶前兩天還跟我們喝茶、吃飯、逛街。自己帶孩子，母乳餵養，但滿月後體重就恢復到了懷孕前的標準，斷奶後又減到了少女時的體重。

我每次見到她，都覺得她在發光，這樣的女子也不可能不被男人奉若珍寶。**美女之所以都是狠角色，是因為人家還一直比我們更努力，更懂得順其自然是在拚盡全力**

之後。

2

安然是個單身女孩，工作後自己在公司附近租房居住，和一個外地女孩合租一間五十平方米的兩房格局，怎麼也比不上爸媽家的大房子吧。可她說：「週末回家看父母，享受家庭生活，平時自己住，過女孩獨立的日子，兩不耽誤。」

她不是那種五官漂亮的女孩，但是很會打扮自己的女孩，衣著永遠時尚，每天換衣每天洗衣，出門必會化精緻的妝容。自己住的小屋被收拾得乾淨整潔，雖然是租來的房子，臥室裡的傢俱都是自己買的，一張單人床上面圍著白紗床幔，那是她爸爸親自設計安裝的。他說：「公主要睡有床幔的床。」

大衣櫃佔據大部分空間，打開來各種物品擺放有序，裡面還藏著一個能拉出來的梳妝臺，女孩愛美的小心機迎面而來，看上去就讓人心動。書桌靠著的八角窗上擺滿了植物，大部分都是會開花的品種，養護起來並不容易。安然說：「我出差時就拜託爸媽過來打理、澆水，拖著行李一進門就能看到窗臺花朵繁茂，房間裡有春天心情才好美啊。」

安然的家在西山的獨棟別墅裡，父母就她一個孩子，退休後的他們是社區義工，每天還是忙忙碌碌，為信仰奉獻自己，是他們的幸福與安然。家裡的陽光房像是個熱帶雨林，花鳥魚蟲樣樣都有，顯得生機勃勃，這樣的父母當然會有這樣的女兒。

3

X先生在大公司做銷售，現在很多人一提到銷售都心生反感，因為其中有些人喜歡誇大其詞，說好聽點是眼界，其實就是謊話張口就來，隨便說和不可靠甚至成了有些行業銷售的代名詞。X先生是個例外。

三十歲的X先生為人子、為人夫，也為人父，下班就回家，即便有免不了的應酬，也會儘量早回家。X先生業餘時間除了陪伴家人，就是運動健身，其實他是個靠顏值就能吃飯的男人，但人家多年來對家庭任勞任怨，對工作務實努力，年紀不大就已經是大公司中層了。

他的原生家庭不盡如人意，甚至一度對他的成長造成過困擾，即便是現在父母家依舊是非不斷，但X先生每週回家盡責，盡心出力沒有絲毫怨言。我見過很多不幸福家庭的孩子，長大後往往表現得過於自卑或是自負，有的人甚至一生也跨越不了童年的傷痛。X先生還是個例外。

也正因為家庭的保護缺失，X先生從小練武，直到體育大學專修散打畢業，這在大城市孩子中很少見，因為吃不了那個苦。但X先生說：「小時候家庭條件不好，免不了會因此被看不起和受欺負，我只能靠自己解決這個問題，所以愛上了武術。等到打遍了院裡和學校裡所有跟我挑釁的孩子後，我又發現武術能帶給我的好處其實更多，所以就堅持了下去。」

長期的集體生活，還有艱苦的訓練，讓X先生變得自律且強大，而比賽中獲得的各種榮譽，又讓他變得自信且快樂。即便沒有幸福的原生家庭，我們也可以透過自身的努力堅持，跨越不幸和陰霾得以成長，為自己贏得更寬廣的未來。X先生做到了，你呢？

就是這樣一個內在無比強大的男人，外在看上去卻溫文爾雅，每天西裝筆挺背著公事包進出公司，對身邊人不冒粗口，公共場合難得計較，對家人更是極盡溫柔。這樣的顏值、身材和性格不可能不讓女人喜歡，即便他都已婚，公司還是有女同事對他奮起直追，但X先生零緋聞。他說：「我就覺得老婆是女人，其他的都是麻煩。」

我每次見到X先生都覺得他在發光，除了那一雙因為長年擊打沙袋而變得粗壯的手，你根本想像不出X先生如果去打架，會是怎樣的威猛。但X先生處世、成家、工作、生活，靠的也不是這個。

自己會發光的人，靠的都是自己的信仰、自己的努力、自己的責任和自己的堅持。也正因為如此，那種光才能感動了別人的眼睛，又傳遞了能量，讓這個世界有了無數種美好的可能。

唯有強大才能治癒你的不安

春麗如今是三十好幾的年紀，已經結婚多年，孩子也上小學了。夫妻倆上班的公司離得不遠，先生只要有空就會過來陪她吃午飯，然後手拉著手在辦公大樓附近散散步。

午休時間不過一個半小時，然而兩人這樣的牽手時光卻一直持續著。春麗並不是貌若天仙的女子，她個頭不高身材還有些發福。有人猜想，春麗夫婦這樣的恩愛或許並不會長久。

最近，果然不再看到夫妻倆一起吃飯、一起散步了，卻不是因為情變。同事們發現春麗瘦了許多，人也立刻變得漂亮起來。

原來，春麗每天午休時間都去公司樓下的健身房跑步，除了洗澡換衣服，剛好可以跑一小時。她說：「現在我和老公的工作都算穩定，孩子也大了點，我總是要空出時間關注一下自己，就先從減肥開始。」

雖然減肥兼備整容的奇效，卻還是被無數位嘴上說要美、心裡連改變和堅持都無力的女人一日日蹉跎。跑步機上的每天一小時，除了疲憊還有枯燥，上半段靠體力，下半段靠毅力。堅持下來已屬不易，真是到了瘦下來的份，那這樣的女人個個都是自己的真英雄。

太多的女人跟我抱怨過，有工作的說自己又要忙事業又要忙家庭，沒工作的說自己對家庭付出巨大男人還是這不好那不好，她們忙裡忙外總之都沒空關注自己的臉和身材。但是又對那些臉和身材都比自己好、男人也比自家強的女人說三道四，好像結婚後漂亮的都不賢慧，有錢的都來路不正。

但她們唯獨不願意承認，自己就是不如人家善於規劃時間，工作生活兩不誤，自己這樣的女人就只配身邊那個男人。

我當然理解身為女人的辛苦，人性不只有黑色和白色，中間的灰色地帶也並不單純，因為它是深深淺淺的漸變色！女人賺錢不易，工作、婚姻、家庭和孩子都需要她耗費精力，即便有個更強壯的男人共同支撐，女人還是需要付出，偶爾也會付出超出體力和智慧的超能力。

而這種所謂的「超能力」無非就是個「愛」字，**你活在世上不是為了計較得失、委屈自己的，而是為了去愛與被愛。**

以前有段時間裡，有關楊振寧和夫人翁帆之間的一份遺囑傳得到處都是，連朋友圈都被灌爆。內容是楊振寧把自己的錢都給了與原配生的子女，現任翁帆只得到目前一棟別墅的居住權，因為產權歸學校所有。

於是這幾日無數篇「載歌載舞」的文章新鮮出爐，內容大多是名為翁帆不平可惜，實則幸災樂禍，好像大家都看到了十年前，楊振寧娶比自己小很多的翁帆時他們所盼望的結果。即便翁帆不是像自己預期的那樣因為出軌而離婚，但看到她當日為了名利嫁給老頭的下場仍然是一無所有，這也依然值得歡呼雀躍。

結果呢？楊振寧的家人出來闢謠了，說這是一份外人杜撰的假遺囑，根本就是無稽之談。

很多人總是用自己最大的惡意去揣度別人，自己得不到愛情，看到愛情就恨不得人家都是被騙被逼，自己沒本事賺錢不得不將就婚姻這個飯碗，看到幸福婚姻就恨不得人家不得善終。

每個女人都對愛情和婚姻充滿了期待，然而經過了歲月的洗禮之後，單純地想去做個平凡的成年女子，擁有平淡的中年生活已經變得越來越不可能了。

缺乏安全感，是女人最普遍的常見病。但這個問題從自身解決才是根本，沒有獨立的能力就沒有尊嚴，在這個處境下談平等都是屁話，你對自己都沒有能力負責，談愛情都是胡扯。

努力工作賺錢，是女人的尊嚴也是責任。也許你並不缺錢，也許有男人還在養著你，但一份工作帶給女人的不只是錢，而是獨立的人格與尊嚴，該有的社會價值與地位。不然，為人都很勉強，為妻為母更是不行。

只有一種女人，即便青春不再、年華老去，也不會懼怕孤單和婚姻離散。這樣的女子就是在每一個當下都能活出尊嚴與價值的女子。「精彩」是文字作家的用詞，生活中這是「努力」的另外一個名字。

你不想讓個人的情感和生活被金錢左右決定，那你唯有努力讓自己變得有安全感，別人不能給你安全感，但安全感可以自己給自己。

輯三

做一個剛剛好的女子

理想：最好的自己是什麼樣子？

素顏，只是聽上去好美

1

蒙奇奇一向以女漢子自居，辦公室裡的另外兩個妹子經常被她譏諷為「心機婊」和「綠茶婊」。這一切的原因無非是人家喜歡打扮自己，而蒙奇奇則崇尚素面朝天。

素顏，只是聽上去很美。我們身邊的素顏分為三類：一是看似無妝其實是精心修飾過的高境界。二是肌膚水嫩先天底子好，沒有妝容也顯得氣色好。三就是大部分，以為自己不化妝也很美，其實看上去一點都不美。

當你頭髮上都是油，臉上都是痘、都是斑，或者都是肉的時候，就不能稱其為「素顏」。

前不久公司開全國年會，女同事大多打扮得花枝招展，在幾個公認的美男面前晃來晃去，其中就有蒙奇奇暗戀的那位。結果就在這次年會上，人家和北京公司的一位女孩對上了眼。

蒙奇奇很是傷心，晚上喝了很多酒，跟男同事抱怨：「她就是個會化妝的心機婊，卸了妝就沒法看了，你們男人怎就那麼容易被騙？不會欣賞自然美。」

男同事回答：「我們說的其實不是五官漂不漂亮，你們女孩子只要肯花點時間打扮打扮，就都挺漂亮的。」

可偏偏就有蒙奇奇這樣的女孩，不會化妝還以此為美，甚至還看不上那些會化妝的女孩，說人家有心機。我就有些不懂了，到底誰有心機？你不化妝，就很難比人家化了妝的好看，這是個事實啊。

很多男生也聽不懂這個邏輯，就像玩遊戲的時候，你不儲值，非想打過人家儲了值的，這不是瘋了嗎？

身為女人，如果沒有了每天洗頭和裝飾的欲望，那多半就是條鹹魚了。男人中還有很多每天都洗澡、換內褲襪子和刮鬍子的人，保持身體乾淨和修飾自己的外在，也是一種很有修養的禮貌，長期堅持下去的男女都是優秀的。

每天都在說「和別人無關」的話，可只要你還要在社會上生存，你就不可能不接觸別人，何況在這個看臉的社會中，一味強調自己的內在也是一種淺薄。

我還發現一個現象，很多不花時間修飾自己的女孩，往往都有大把時間浪費在看手機和空想上。她們事業追求談不上，日常工作也成績平平，既稱不上漂亮更說不上優秀，素顏上寫著大大的「缺愛」兩個字。

那些願意花時間修飾自己的女子，工作、收入普遍不錯，人家雖然工作真的很忙碌，但也不會因此喪失關注自己的身材健康和生活品質的時間。工作和美麗兼顧，才會有談情說愛的情趣和底氣。

2

悠悠管理著自己一手創辦的企業，屬於中國女性精英階層。同時也有幸福、穩定的家庭，是兩個孩子的媽媽，除了工作應酬，還要擠出時間接送一對兒女，關注兒女的成長。人家是真的很忙很忙，卻從未放鬆裝扮自己。

我有幾個月沒見到她了，上個週末去別的城市與幾位女性友人小聚，我們坐在一起吃飯，三十七歲的悠悠擁有瓷白水潤的肌膚，臉部光潔清透，妝容恰到好處，精心修飾過的睫毛和眼線，讓她的眼睛顯得大而清澈。一側長髮自然垂在耳後，她的耳垂大而圓潤，上邊戴著一副珍珠耳飾。這個年紀的女子，在如此近距離中，依舊漂亮精緻，足以看出她花了很多時間和心思去愛自己。

幾位女性友人看年齡都不再年輕，看面相和裝飾，卻都有少女的心和溫柔的模樣。每個人都精心修飾過自己，妝容亮麗，衣著講究，第一眼看上去就是很漂亮，各具特點的美，即便在百媚千紅的萬花叢中也能脫穎而出。

我們之中的安然不用彩妝，但在她的素面朝天裡，卻帶著信仰的堅定與美好。每每見面，她都喜歡穿寬大長長的衣衫，白裙飄飄下，一笑一顰都透著乾淨精緻的香。

臉上不化妝也可以啊，但你給自己的心美顏了嗎？很多年裡，安然把自己的心修成了一朵白蓮花，臉上沒有美妝也有美顏，透出一種帶著力量的美好。原來這個世界上也是有天使的，在力所能及的時候溫暖著、鼓勵著周圍的人。

給心靈美顏是一種高段位的修練，而給外在修飾是一種所有人都容易上手的修練，如果你肯堅持著讓外在的自己每天都漂亮，那麼就會有更多時間和機會修行內心的平靜與豐盈。

真誠、善良、坦然、純真，這些美好的品質會因為「相由心生」，慢慢長在你的臉上。養出了乾淨的少女般的容顏，最終又修出了菩薩相，才能獲得更大的福報。

你的臉，顯示著你的性格與福報，也顯示著你的遺憾與將來。現在不願意從外在裝飾自己的女子，以後也未必會有給心靈美顏的機緣，但這並不是不能改變的，在這個世界上，稍微拐個彎就會有不同的活法，只是大多數人改變不了習慣。

就算今生無法飛翔，我們也要裝扮成天使的模樣，永遠行進在追逐夢想的路上。

在看顏值的世界裡，如果你做了不愛美的人

李蘇的丈夫一年多之前就和他的下屬有曖昧關係，連我這個圈子之外的朋友的朋友都知道。那個男人工作時帶著九〇後小三進進出出，生活裡也是如此，連和朋友吃飯聚會，小三都不忘記和這個有家有孩子的男人秀恩愛。

據說，有一天男人已經回家了，結果被小三氣勢洶洶找到樓下，她打電話說：

「你現在要是不下來，我就上去。」男人只好乖乖聽命。他經常在李蘇面前撒很多不能回家的謊，其實是為了住在小三家。

圈裡圈外都知道李蘇丈夫的風流韻事，小三也逼著他離婚，要登堂入室，李蘇怎麼可能不知道呢？何況她還是個律師。每一個囂張的小三身後，都有一個更渣的出軌男，李蘇的孩子不過三歲多，婚姻就支離破碎了。

去年夏天男人就跟朋友說過，自己也動了離婚的念頭，他對婚外更年輕的女人動了真情，和老婆之間無非房子、孩子都得放棄，這讓他有了些許不捨。

李蘇結婚前也算是個「律政俏佳人」，結婚後就變成了「職場大媽」，辦公室跳不了廣場舞但同樣可以混日子。什麼沒型沒款的衣服都能穿，只要舒服省事就好，什麼樣的素顏都敢說美，什麼事能推就推、能不擔責任就不擔責任，上班想的全是孩子，下班想的也全是孩子。

李蘇的朋友圈全是孩子、孩子和孩子，偶爾出鏡也是臃腫的身材和憔悴的臉。這當然不是男人出軌的理由，女人承擔生育的重任，但生育不代表就得變胖變老。

女人老去的標誌不是年齡，而是不再愛美，也不再努力，從裡到外都彌漫出一種怨氣和厭棄。

她最近一年多的朋友圈再也不提丈夫半字，枕邊人的變化，第一個知曉的也會是枕邊人。李蘇不想離婚，但痛苦顯而易見，只是她越發放棄了自己，甚至好長時間都沒有仔細照照鏡子。

李蘇沒有心思關注自己，孩子需要更多關愛，男人經常不回家，自己除了上班就是忙孩子了。偶爾婆婆會來幫忙，罵自己的兒子，但這根本不可能管用。看著是小三在糾纏不休，說到底還是那個出軌的男人不想了斷。

李蘇的婚姻就在這樣的混亂裡拖拖拉拉，直到前幾日小三過生日，在朋友圈發了N張和她老公摟摟抱抱的照片，才算是撕掉了最後一張遮羞布。

李蘇丈夫的幾個朋友和同事，也在那個凌晨收到她轉發的照片和電話，問他們知不知道情況？原來有人把這些照片發給了她，可她現在連丈夫在哪裡都不知道。那些嘴上說了不管的女人，說不離婚也要好好愛自己的女人，在這樣的時刻終究還是扛不過恥辱的。

北京的那個大雨夜，有小三的狂歡，有正室的淒涼。可一個渣男所謂的愛情和承諾，有什麼好爭搶的？

新聞裡報導過的一件事更讓人覺得不舒服：正室透過微信用三個月時間勸退小三，被閨密們奉為守護家庭寶典。

公式如下：正室先是和小三對罵，然後拒絕地攤貨去買了幾件好衣服打扮自己，再就是動之以情、曉之以理，給小三心理建設。

如果只是這樣做就可以挽救婚姻守好老公，那麼一個小三是走了，但下一個小四就會來得更猛烈。文中的正室也提到：「小三是走了，但這件事對婚姻的重創難以平復。」

每一段出軌的情感和婚姻都有其原因，出軌方肯定要負主要責任，其次才是家裡正室不作為或是過分作為，還有小三們的巧取豪奪。如果渣男只是這一次收斂了，下次還會犯，那正室的戰鬥眼前看著是勝利了，但心裡面的陰影卻難以消散。

李蘇的收入不比丈夫少，而且也有房產，她不離婚的理由說起來是孩子，做起來其實都是因為自己。在這個城市舉目無親的她戒不掉有了男人的習慣，即便他不再回家，不離婚和離婚還是有很大區別的。

即便丈夫已經成了別人床上的男人，李蘇這一類的女人還是覺得他最不濟也能看在孩子的份上回來的。

兩個毫無血緣關係的人形成的婚姻關係，一定是靠愛情來維繫，這是最穩定的不離不棄。如果有經濟上的相互扶持，這樣的婚姻也會比僅僅靠著孩子來得牢固。

最最不可靠的婚姻關係就是所謂的親情、所謂的苦口婆心、所謂的親子關係。對出軌囂張、屢教不改的渣男來說，就不可能形成什麼親情和責任，因為他根本沒有心。這都是女人的一廂情願，為男人找的藉口。

女人如果沒有經濟獨立和精神獨立，情感和婚姻或許對你來說就會有毒，**你愛不成又戒不掉的時候，什麼社會角色你都做不好。老去的或許不是年齡，而是在別人眼裡毫無價值的自己。**

李蘇在深夜去騷擾別人尋找自己的老公的時候，不知道有沒有想過事情走到這種地步，原本無辜的她已經不再那麼無辜。她在別人眼裡也成了一個難看的怨婦，半夜裡對不是丈夫的其他人哭訴有多不堪。

如果說，這是李蘇最初的愛情，我也不相信。李蘇的愛情已經變成了她的一個壞習慣，她戒不掉，只能中毒至深。

如果我們到了一定的年齡還不能拋棄不愛自己的人、沒意義的社交活動、虛情假意的親戚朋友，那麼就必會未老先衰，連愛美的勇氣也消失殆盡。對女人來說，這才是可怕的。

還是很難是嗎？沒關係，我只是想說，至少你現在應該明白真相。當你不再愛美的時候，不想努力的時候，就去照照鏡子、看看銀行存款、想想新的活法。

你的吃相，就是你的性格和做人姿態

女孩和男友戀愛同居兩年了，平時男友工作很忙，經常加班。因為週五忙了通宵，週六他睡了一整天，女孩也看了一整天的電視劇。晚飯的時候，男友起床去了廚房，用冰箱裡頭天買回來的菜做了一個麻辣香鍋。

女孩說：「也就是一點花菇、蓮藕片、豆腐、蒟蒻條，還有一些大蝦，倒是鮮香熱辣。他睡了一天沒吃飯，我白天也沒好好吃東西，都餓了，加上麻辣口味很下飯，所以吃起來就有點狼吞虎嚥。」

當女孩拿著筷子又向一隻蝦發起進攻時，男友突然說：「你就不能把蝦留給我嗎？」

女孩當下呆住：「不是還剩兩隻嗎？」

男友說：「我怕我再不說，連這兩隻都不見了。」

女孩問：「你什麼意思啊，你嫌我吃得多？沒人攔著你吃啊。」

男友回答：「誰能搶得過你，你一上來就光挑蝦吃，一盤菜裡十隻蝦，你已經吃了八隻。每次都是這樣，一有好吃的就不管不顧，你是不是應該想一下我啊。」

女孩火了：「你就是說我自私，對不對？」

男友說：「也不是，我就是想跟你說說這個問題，你別的地方也沒什麼缺點，就是吃相太難看，從來不會想到我，只管自己吃到撐，走不動路。」

女孩扔掉了手裡的筷子，兩個人的晚餐也不歡而散。事後女孩把這件事發到了聊天室裡，問大家是不是應該和如此計較小氣的男友分手。討論區大部分都在附和著女孩自以為的那樣，同居一段時間了，男友居然還如此計較，連盤裡有多少隻蝦都要數清楚。

只有一個聲音與眾不同：「你的吃相就是你的終極性格和生活狀態，女孩，現在不是你要不要分手的問題，而是你男友想和你分手了。不是因為蝦，而是因為你的吃相讓他愛不起來，現在已經不想再忍了。」

結婚，不就是兩個人從此要在一起吃一輩子飯嗎？吃相都讓對方看不下去的時候，就再也愛不起來了。能打敗愛情的，從來都是細節與習慣。

X先生的前女友是個被父母寵溺的女孩，出於工作原因她週末只休息一天。這一天她必定一整天都待在床上，父母會把三餐都送到床頭櫃上，等她在床上吃完再來房間收拾碗筷。

X先生有時候上晚班，冬夜裡女友會讓他帶熱乎乎的烤串回家加餐。X先生說：「我上晚班沒吃晚飯，常常更餓，她其實是吃過晚飯的。當每次我把烤串拿回去，她都是兩眼放著綠光大口開吃，甚至都不能等我脫了外套洗洗手，再一起吃。」

在女友家裡從來沒有一家人一起吃飯的習慣，誰要吃就吃，在哪裡吃自定。即便她和X先生談了戀愛，也是自己想吃就吃，從來不管男友吃沒吃和吃了多少，用她的話說：「你都多大人了，吃飯還要我管啊。」

她還喜歡從男友碗裡搶食物，X先生說：「我最討厭她這個習慣，之前因為愛她忍了，即便偶爾說了她也不以為意，等到我煩透了愛也沒了的時候，想想還要這樣過一輩子還是算了吧。說起來她沒什麼特別不好，但就是過不下去。」

童年時父母很重視糾正我們吃飯的禮儀，媽媽說：「小孩子貪吃不算缺點，但咀嚼食物不能張著嘴巴，不能發出聲音，喝湯和吃麵也都不能有聲音。」除此之外，吃麵除了用筷子，還有一個湯匙用來喝湯，並且可以配合筷子把麵捲成團放進嘴巴。以至於我一直不喜歡吃麵，就是因為小時候覺得吃麵很難，不如吃飯。

小時候認為父母就是讓我們吃相好看，這是家庭教育最重要的組成部分，長大後才明白，這也是媽媽在教女孩將來做女人的基本守則：「不要看別人碗裡的食物，不要以為別人的東西更香，不要因為男孩手上拿著冰淇淋就送上一個吻。用自己賺錢買到的東西才心安理得，自己做飯才會瞭解食物來之不易、要懂得珍惜，味道甜美裡都有別人的付出。」

吃相，就是你的性格和對待人生的態度。**一個吃相難看的女孩，對待人生的態度也不會多好看，性格裡的自私和貪婪，遠不是像她自己說的那般簡單。**

她們除了不願意付出和努力，往往習慣性忌妒那些比自己過得好的人，不會為別人感到高興，只有強烈的憤怒，和那張吃相難看的嘴一樣，心裡也會長出咬人的牙齒。太遙遠的搆不到，就會轉向家人、愛人、閨密、朋友和同學，啃老，耍手段，能要就要，能搶就搶，能佔多少便宜就佔多少便宜，還永不滿足。

如果我們不幸遭遇到這種吃相難看的女人，並且要和她們搶東西，也要提醒自己不要成為這樣的人。否則就算搶贏了，也是一種輸。

在網路上看過一個影片，男人的單身居所裡，寵物貓伏在書桌上，看著他在電腦前忙碌。窗外燈火萬家的時候他才合上電腦，開始準備一個人的石鍋拌飯。順便打開了一罐貓糧，放在他的寵物面前。

城市漸漸進入燈紅酒綠最為喧囂的時刻，家裡，單身男人和他的寵物貓吃著各自的晚餐，沒有音樂場景卻很是動人。看到這裡你絕不會認為他是孤單的，他分明是在獨自享受一種暖暖的幸福，然後用這樣做人的態度，等待屬於他的女人與愛情。而我更是被挑起了食欲，決定明天也要去吃一份石鍋拌飯。就像慢慢去談一場戀愛，不錯過任何一點溫暖的細節與陪伴。

你好看的樣子很下飯

我是個資深吃貨，不光會吃還會做，而且對食材很有研究，什麼時節吃什麼東西和喝什麼湯品，是耽誤不得和馬虎不得的。我常在某寶和某貓上挑全國各地的特色食材，快遞到家後很快就可以被我精心烹飪端上餐桌。

聽說我會做菜的人，很多都喜歡對我說「能留住男人的胃就能留住男人的心」。

我卻不以為然，我在情感和婚姻裡遊歷這麼多年，一是根本不會給不喜歡的人做飯，二是每失望一次就少做一件愛對方的事，如果這樣的話，那麼我分手後首先就會放棄做飯。

我得有多愛你才會給你做飯啊？要巴在網站上挑選各地食材下單，要穿著高跟鞋拎著名牌包進出菜市場採買。還得去超市精挑細選每一種調味料，光是油鹽醬醋都得好多種，以便做出不同色澤和風味的菜品。

如果我想要的食材和調味料買不到，我寧願不做那道菜也不會將就。我不去別人家做菜，因為食材和調味料不是我想要的，我也極少會請別人到家裡吃飯，因為交情和愛情沒到那份上。

事實上，也沒有男人會只因為女人做飯好吃留住了胃，就主動留下心不做讓女人失望的事。胃和心不在一起，女人根本不必為了留住男人去苦練什麼廚藝。

女人還是要先有好看的樣子，在這個基礎上，再會做點飯就更好了。可以養出自己的好身材和好氣色，還能給男人一點驚喜，以便讓他有受寵若驚之感，而不只是習慣性地認為女人做飯是天經地義。如今這個年代，女人獨立才是最重要的事情，男人會做飯的也大有人在，他愛你也可以給你做飯。

女兒總是沉迷於我的廚藝，偶爾纏著我要學，我說：「你還是多讀書、多上學吧，能讀多久就讀多久，能獲得所有的學位更好，將來可以僱專業廚師給你做飯。」

什麼年紀做什麼事情，女兒現在是讀書的年紀。而我小時候也從未有人刻意教過我做飯。這是情趣，只和我們對自己與生活的愛有關。有了這份心，自然就會在需要的時候做飯。

即便那麼喜歡和會做飯的我，也不是天天下廚，只是在有空又有心情的時候才去買菜做飯。每週如果沒有飯局，也會固定外出約會去餐廳吃兩三次飯，剩下的時間才是家庭餐桌上的盛宴，用來溝通經營家庭成員之間的關係。

一家人一起吃飯，對每個家庭都是很重要的事。不會做有保姆做，不想在家可以外出吃，自己能做並且豐盛美味則是最高境界的愛，這樣的家庭走出的男人、女人和孩子，都自帶非凡的幸福感，每個人都會慢慢養出一副很好看的樣子。

與其說光會做飯留住了胃，不如說我們留住了彼此的胃以後，就能逐漸養出好看的樣子，等你看上去就秀色可餐很下飯的時候，才能真正留住彼此的心。

藥補不如食補，食物是我們養育身體和容顏的第一要素，我們應該精選食材，並且注重營養搭配，做到養身又養顏。如果再配合運動健身，促進血液循環和組織自然排毒的功能，那吃飯就成了一件滿足了胃，又能滿足心，還能留住愛人的大事件。

吃貨是瘦子才能稱得上可愛，面對一桌食物吃貨眼裡流露出的喜悅，才是對美食的最佳恭維。

吃飯，也是男女之間很重要的一種交流方式。除了為對方做飯的心意，兩個人能不能一起吃，也是決定著今後能不能在一起的重要參數。我們看著愛人吃飯也是一種享受啊，如果你秀色可餐，男人嘴裡嚼的是飯，心裡吃的卻是你，眼睛裡自然流露出的激情像是火焰，也能瞬間就點燃你的心。

乾柴烈火能燒出好飯，也能燃出好愛。他愛不愛你，一起吃一頓飯就知道了。

敷衍你的男人，根本不會用心選擇餐廳和點菜。對你一見鍾情只想和你上床的男人，根本不在乎嘴裡吃的是什麼也沒心思說美食。只有那種真正欣賞你的男人，才會陪你細嚼慢嚥只說吃飯的事，他還會給你夾菜然後很認真地微笑著看你吃完。

這樣的男人，也是有教養和心性成熟的，他懂得愛一個人，就是要和那個人吃一輩子的飯。

前些天我寫一篇關於化妝的文章下有讀者留言：「有的女人臉上都是油，面色暗黃卻配一嘴口紅的妝扮也不好看啊，能不能用點BB霜再塗口紅？不然再好看的顏色看上去都很掉價。」

我回覆：「原則上來說，口紅也是需要美顏來搭配的。」

如果我們沒有天生的好底子和後天的養顏術，那就去學習化妝，整體提升顏值，讓口紅也用得其所。

口紅又不貴，你可以靠自己的能力去買很多支。可漂亮的口紅也要配漂亮的臉色，**你要讓自己好看的樣子，看上去真的很下飯，這樣才是留住了胃也能留住了心。**

平凡生活中的你我，和他的一粥一飯、一笑一顰都有著屬於我們的暖意。那些美味的食物，那些動聽的話語，那些好看的笑容，那些治癒的故事，都會為愛情增色，為生活添彩，真正撫慰到每一個曾經失落的靈魂。

你和生活都可以變得很美

玉兒下班後趕過來赴約吃晚餐的樣子，簡直可以用丟盔卸甲來形容。她穿了一件看不出身材的灰色長袍，腳腕處露著一截厚厚的黑色緊身褲，重點是她還穿了一雙淺口平底鞋，露出白色的襪子。原本玉兒胖嘟嘟的身材，就這樣又被硬生生地分成了幾截，像個蓮藕。

她還是素面朝天，因為上了一天班，膚色顯得有些發黃暗淡，長髮亂蓬蓬散著，雙肩包背袋斷了一根，她說是在地鐵上擠的。深灰色針織長袍上沾了很多毛屑，一坐在我們身邊就顯得慘不忍睹起來，對面坐著的，就是別人想介紹給玉兒認識的男人。

這樣的約會當然不會再有第二次，玉兒快三十歲了，不僅不化妝，而且從來都是亂穿衣。用她的話說：「穿得舒服就好，我的工作需要常坐辦公室，而且大多是女同事，穿那麼鮮亮有什麼用啊。」

偶爾和她一起逛街，她也不會去試衣服和買衣服，幾乎所有的用品都是網購，她認為這樣更便宜、更划算。她說自己是個宅女，甚至連陌生人都不想見。我問：「那你想談戀愛嗎？」玉兒回答：「當然想，可如果他真喜歡我，就應該是一個最真實的我對不對？」

最真實的你，不一定是最好的你，我們誰都沒有義務和時間，非要透過你邋遢肥胖的外在，看到你又瘦又好看的內在對不對？

玉兒對我的生活態度很不理解，她覺得沒必要把錢浪費在外在上，內在美才會被長久欣賞。更覺得一個人去咖啡館吃早餐，或是喝杯東西的人都是神經病。她每每在朋友圈用「小資」來形容我的時候，我都覺得她一點都不像個八〇後，內在再優秀也有些過時了。

身邊不乏這樣的女子，出門都不化妝，相親都如此，回到家就更是蓬頭垢面，美其名曰素面朝天最美。可美麗素顏都需要好看的五官搭配，膚色也會隨著年紀的增大變得不那麼白裡透紅，唇色則會在二十五歲以後就漸漸失了顏色。適當的妝容可以讓女人更加自信，也是一種禮貌的體現。

再說，當你臉上都是肥肉的時候，那還能叫素顏嗎？

對自己外在都如此不在意的人，家裡往往更是髒亂不堪。女人沒事喜歡宅在家裡沒什麼不好，但**「宅」卻不是單身女人的首選。無論你是否年輕，出門見點陽光，做點戶外運動，結識些男、女性朋友，對身心都有好處，**你也當然有理由保持自己的習慣，但死宅外加不修邊幅，總不是女人最好的生活狀態。

都說單身越久越單身，這其中固然有些許的無奈和寂寞，但絕非必然會發生的悲劇，我們不應該一別經年都一成不變，等愛的姿態是最美的。成長成熟的意義也不是讓你什麼都接受、什麼都包容，而是學會剔除、學會選擇、學會放棄、學會變得更美，知道自己最重要的是什麼，不重要的又是什麼，然後慢慢變得簡單而美好。

一個真正強大的人，不會把太多心思花在取悅和依附別人上面，所謂的圈子、資源，都只是衍生品，最重要的就是及時提升自己，修練好外在和內在，才會有別人來愛你和親近你。

我們要為了變美不顧一切，外在漂亮、內在豐盈，不輕言悲喜，沉默多過抱怨，溫柔淺笑，從容淡定，對一切有足夠的耐心，對任何人和事都保持平和的心境。

家是我們一生中唯一的避風港，保持它的乾淨整潔和溫馨舒適也是享受生活的最重要方式，自己的天地應該有些花草香熏煙火氣，何況那裡還會有愛的男人和可愛的寶貝。**女人一定要活得精緻，從裡到外並且時時刻刻，即便是自己的背影也需要經營。等愛的為愛時刻準備著，有愛的為愛活得更精彩。**

女人最好的生活狀態是你不怕老，可你看上去比實際年齡年輕。你不怕孤獨，可是你有閨密和靈魂伴侶。你不迷信愛情，可是你有愛情。你不認為婚姻是女人的事業，可是你有好的婚姻。你不為男人而活，可是你有相愛的男人對你不離不棄。你不認為女人有了孩子才叫圓滿，可是你有聽話優秀的孩子。你不貪財，可是你有點錢。

你已經做了太多無謂的掙扎、太多荒唐的事情、太多盲目的決定，已經因為太多不漂亮和不快樂而錯過了太多本來的幸福、太多安靜的日子、太多理性的選擇和放棄。從現在開始，請認真把你做過的都忘記，再用心把你錯過的都彌補。你要懂得享受生活，而不只是關注別人攀比虛榮，忘記自己也有創造的能力。

今後的日子想要留起長髮，出門化妝細節也要精緻，在家裡素顏狀態也要很好。有穩定的工作養活自己，有時間約上閨密去吃喝購物。做事就努力堅持，沒事就窩在家裡看書追劇，心情不好就去咖啡館曬太陽，一個人發呆也能慢慢變得溫暖。每週運動健身至少三次，去增強體質，而且不胖的身材也需要塑形，變美也需要有不顧一切的決心。

我們每天最重要的兩件事情：一是出門，二是回家。

願你一生努力，一生被愛

最近幾個月我經常去別的城市給一些女性進修班的學員上課，也因此接觸到更多成功且優秀的女性，即便也有著這樣那樣的困惑和選擇，但她們依然與眾不同，因為她們每個人都還在努力，還在學習，還在尋找和瞭解新的生活方式。

她們本身就是社會各界的精英女性，不缺成功，不缺價值，更不缺安全感，但面對新事物依舊求知若渴，面對生活充滿激情，面對當下，還在努力把自己變得更好一點。這樣的一種精神同樣也在感染著我，在課堂上與其說在授課，不如說在彼此學習。我在一群美麗的女人中穿行，就必須做到精益求精。

我身邊的閨密都是狠角色，不僅在公司裡獨當一面，生活中還是辣媽，其中的單身女性更是獨立勤奮，一個人的日子也打理得井井有條。我們之間的交流更多是在彼此影響、彼此提升、彼此分享，即便偶爾誰遇到了工作和情感上的困境，也會在閨密群的陪伴下得到釋懷，第二天該做什麼還是做什麼。人生路上我們很少訴離殤，只是安暖相陪，歷經一年又一年，十里桃林花落花開。

我和閨密們喝下午茶，偶爾談起新事物我們都會眼睛放光，集思廣益探討可能性，然後第二天就立刻各自去著手收集資料了。好的事情和好的人生都是如此，一件一件試出來，一步一步走出來。

每個人都生活得不容易，誰也不可能改變誰，我們唯一能控制和改變的只有自己，這一點是滾現實的釘板滾出來的真理。你為什麼總是說「我不知道自己想要的是什麼」？真相就是：你根本沒有勇氣面對現實的困境，更缺少足夠的努力去爭取你想要的東西，以及足夠的信心去控制和改變你自己，所以你只能將就你不想要的東西。

生活中感覺堅持不下去的時候，除了工作上的困局瓶頸，還有情感中的各種痛苦糾結，也是導致很多人喪失鬥志的原因，後者可能還會更崩潰絕望。要修練到不再會為情感所傷，或許難度很大，如果還是以我個人的經驗來說，女人活著的尊嚴和腔調重於一切。

如果前途和男人讓我二選一，我選前途。如果委曲求全和不解釋讓我選，我選不解釋。如果兩個人的情感關係到了需要考慮的份，我會選擇離開。

生活中發生的種種，只要無關乎生死，就都不是事，治不好自己的脆弱，就不要指望愛情能夠為你赴湯蹈火。我也常常有感覺支撐不下去的時候，但我會想：我還有健康，這真是太幸運了。

艾薇最近又在和新來的上司折磨，她在公司待了十二年還是個主管，和她一起入職的同事都成了大區總監。用她的話說：「公司頻繁換區域經理，每個人都玩弄人際不好好做事，我想努力都沒動力。」可這次的上司經驗能力都豐富，對下屬的要求也就嚴格了起來，艾薇又開始叫苦。我不解：「既然遇到實幹的上司，你憑本事吃飯就是。」艾薇又說：「我老了，幹不動了，大不了回家讓我老公養著我就是。」

艾薇今年剛滿四十歲，前幾年就開始把老放在嘴邊上，因為拿著不高也不低的薪水，她不努力也可以混下去。其實如果不是因為新上司是個實幹的人，她並不打算離職換地方，因為沒地方可換，而如今把離職放在嘴邊不過是給自己找個臺階下，因為她真不知道該怎麼努力了，這樣下去遲早被辭退。

老公要是真能養家毫無壓力，艾薇早就不會去上班了，她心裡很清楚自己的處境，一邊抱怨滿心負能量，一邊焦慮未來一片迷茫。四十歲的年紀，再去找工作當然有難度，但就此回家不工作了，艾薇也未必就如此甘心到放棄自己。只是艾薇應對職業危機弄錯了方向，時代不同競爭激烈，不努力的人終究越來越難混，混到最後總是要還的。

艾薇抱怨久了，顏值和身材看上去就真的老了，她也早就不關注自己的皮膚和體重，也無心走出去學點新東西認識些生活積極的人。每一任上司都對她不好，看起來是有原因的，問題就出在艾薇自己身上。好多比她漂亮、比她優秀、比她更努力的人都在拚，艾薇的這點矯情實在是無趣極了，日子久了別人連聽都懶得聽，包括她的老公，婚姻出問題只是遲早的事。

是真的對好事情和好生活沒有嚮往嗎？不是，而是大多數人更想不勞而獲。但有一個道理永遠不會改變，你必須為自己賺到足夠多的錢，才能讓自己和需要你照顧的人過好，才有能力一生愛著，才有價值一生被愛。

女人總是會給自己不努力，甚至不獨立找各種理由，還有女孩相信可以不用那麼拚，找個好男人嫁了就行了。都當好男人是傻瓜啊，娶一個好吃懶做的女人養在家裡，任其皮鬆肉懶發胖，還東家長西家短地攀比抱怨。

如果女人結婚就是為了生一個、兩個孩子纏住自己，不能工作又不能獨立，還得忍受男人的白眼和不忠，我實在想不出這樣的婚姻對女人有什麼意義，只是在徹底毀掉你罷了。

這世間沒有不努力就能得到的好生活，更沒有不努力就能被別人鍾愛一生的事。

如果你是一個人，要去做能讓自己變得更好一點的事，這樣才能看得到什麼才是有品質的生活。如果你是兩個人，那你們去做為了對方而變得更好一點的事，這樣才能瞭解到幸福的深意。

願你一生都在努力過好每一個當下，並對未來抱有美好的期待，一生被愛的女子在奔赴繁花的路上從不懈怠。桃之夭夭，灼灼其華，你的執著，終將成就你的無可替代。

內心強大和活得強悍是兩回事

1

艾七七是個「女超人」。她自己開的餐館生意很好，算是個成功女性。而且她已經有了兩個孩子，都是她一手帶大的，最忙的時候不過請了個保姆，白天帶到餐館，很晚了再帶著兩個睡著的孩子開車回家。

整個創業和帶大孩子的過程裡，那個身為丈夫和父親的男人都是缺席的。先是工作屢屢不滿意，辭了職考碩班，然後考了N年未考上，又拿著艾七七賺到的錢去創業，同樣幹啥啥不行，但脾氣一年大過一年。不順心了還離家出走，要不就是弄來一個老媽，整日裡一起跟媳婦鬥，目的居然是為了錢。

艾七七已經養成了什麼事都靠自己的習慣，包括生活中的大小鎖事。朋友問：「那你要這樣的老公幹什麼？回家吵架玩？」

「不就是想要兩個孩子有個爸爸嗎？再說離了就能找到更好的嗎？身邊的男人大多如此，就算有好的也無心去看。」艾七七的話是很多同類型女性的心聲，她們或許是事業和家庭裡的女超人，卻是生活和情感中的失落者。

艾七七老了，最近幾年尤其老得快，不到四十歲的年齡，卻有五十歲的體態和心態。結婚十年，她創業賺錢還連生了兩個孩子，太捨得用自己，操太多的心，情感和身體上的撫慰卻嚴重缺失，這恰恰又是女性，特別是婚姻中的女子最需要的滋養。

「我們已經很久都沒吻過對方了，第二個孩子出生後甚至連性生活都快沒有了，可我還年輕對不對？」艾七七有很多的錢，卻得不到最基本的身體需要的滿足感，她有時候也想再遇個好男人談場想要的好戀愛。

她想不離婚，先找到適合的再離，可如此騎驢找馬，即便遇到了白馬王子，兩個人也是平行線。至於錢，越是優秀的男人越是不在乎女人是否有錢，而在乎的都不是什麼好男人。

艾七七已經沒有了離婚的勇氣，就算有了足夠多的錢，她還是需要一個男人，哪怕他只是個累贅，但天天回家也好呀。艾七七說：「他每晚回到家的時候，門裡的世界才像是個家。」她起身離開咖啡館走向她的BMW，體態像個中老年婦女，她像冰箱裡久放的蘋果，已經被風乾了水分。

女人體態臃腫不一定是貪吃所得，還有焦慮、抑鬱、熬夜、疲憊、不快樂、身體健康等原因。心態老去也不一定是沒錢導致，而是對生活和情感充滿了失望、抱怨，直到自暴自棄，還藉口家庭和孩子來騙自己。

沒有暖意的不是家，只是房子，越大越冷。你那麼捨得用自己，甚至耗盡所有心力，孩子卻未必領情，因為這樣的媽媽未老先衰，離榜樣差了十萬八千里。

在你都不愛惜自己的時候，什麼人都不會愛惜你。

2

付梅今年五十歲，也是屬於在年輕時為家庭和婚姻拚命用過自己的女人。自己家姐妹多，老公家更有喜歡錢的婆婆和小姑，老公年輕的時候事業又不順，付梅先是在老家開公車賺錢，後來又到北京做建材生意。在四處透風的市場裡苦守幾年賺下家業，還要被娘家和婆家一併算計，和老公吵鬧不休，身體也累到落下了病根。

這幾年她才恍悟，沒有什麼會比身體和心靈健康更重要，付梅索性結束生意退休在家。先是每天快走十公里減重十公斤，然後又請了保姆把自己從家務中完全解脫出來，養養狗、種種花，調養身體。身體好了心情也愉快許多，幾年下來，和老公感情好了不說，那個男人還居然變得喜歡在家宅著了。

付梅說：「想想之前，總是顧這顧那，唯獨不顧及自己，結果幫了別人還不撈到好處。現在我光想著要讓自己高興點，能不管就不管，該拒絕就拒絕，只要自己不生氣就好，結果身邊人倒也收斂了起來，而且老公也開始為我擋事了。」

你缺錢就去賺錢，找男人也要找個可以成就自己的人，這年頭廢物都是只會添麻煩的傢伙。你有錢就去為自己花錢，省著錢卻不省著用自己，到頭來都是人財兩空的命運。

生活中活得太強悍的人都是很辛苦的，因為一般都是「能者多勞」，被用到最狠都沒人心疼。而那些懂得適可而止的人卻可以換得平靜。因為擁有進退自如的能力，別人輕易用不起你，偶爾用了還會對你感恩戴德。

最近因為工作上的事情多，我也感覺到了壓力和疲憊，偶爾也會影響心情和睡眠。男友提醒過幾次要調整，我也沒有當回事，想要擁有更好一點的生活，除了努力別無選擇，負重前行就是很多人的狀態。

直到前幾天我們外出散步，他特別認真地跟我說：「你比我大，我更要省著點用你，免得你老得快，現在還是多用用我吧。」

總是聽不得「老」這個字的，男友這句話觸動我的字眼卻是「省著點用自己」。身邊太多女人都不知道這句話的深意，操太多不該操的心，做太多不是為自己好的事，想太多還沒發生的煩，擔太多不需要獨自擔的事。

結果呢？加快了自然衰老的過程，美好的容顏還一去不復返，心靈的燈火也就早早熄滅。

都說：「女人的臉，男人的愛。」在我經歷過幾次婚姻的離散之後，對這句話的認同裡更多了一份執著，**女人一定要獨立，獨立才能自由掌控人生**。富愛自己的同時，更要節省點用自己，先控制住自己的容貌、身材和脾氣不野蠻生長。

是的，或許我們都在負重前行，為了自己的想要的生活和夢想，一邊走一邊微笑，險境中也有希望。但不應該是負累前行，帶著別人給予的麻煩和痛苦，一邊走一邊哭，就會失去原本應該看到的風景。

你捨不得男人哭，你就得自己哭，你捨不得懷裡的錢，你就得捨得用自己。對於

女人來說，最珍貴的就是當下每一天的時間，因為它一去就再也不復返。

美好一直與堅持同路

飛揚的臉和她的名字完全不符，每每出場都是一副忙碌疲憊，外加寫滿了不高興的臉。偶爾開玩笑：「飛揚，你為什麼就不能高興點呢？工作也算不錯，人說姻緣也靠緣份，你笑對生活或許能吸引不一樣的男人。」

飛揚反問：「哪有那麼多值得高興的事？房貸沉重，交通堵塞，男人沒用的不說，好像正常的都少有。」

她覺得我的小情小愛都不值得談論，喝茶她沒有時間，喝杯咖啡她覺得很假，吃頓飯得先看價格，我請客她也一邊吃一邊說貴，還要順便教導我要節儉、要低調，這樣做會嚇跑男人，因為不好養。

我是飛揚嘴裡的物質女人，她除了在我面前直言不諱，在朋友面前也說來說去。她偶爾見到我的男友，也三句話不離我是多麼敗家，追求的東西都太過奢侈，完全沒有意義，結果男友趕緊找個藉口拉走了我。

飛揚的做法算不上漂亮，我無意計較，是因為價值觀不同用不著爭辯，每個人都有自己的活法，原本就是自己覺得舒服就好。只是飛揚的生活舒不舒服我不得而知，但她的臉卻越來越不漂亮。

這幾年飛揚結婚生子，不光工作上沒了勁頭，皺紋也深入額角，三十多歲不論面相還是身材都已經顯老了。她老公也是賺錢不多的普通人，最近為了孩子能上好幼稚園到處求人，再見她的時候，飛揚的五官都縮成了一個大大的「愁」字。

我不知道飛揚在北京的生活有沒有高興的時候，因為我從沒有見到過她暢快的笑容。如今她打算回老家去生活了，至少孩子不用擔心戶籍上學的問題。飛揚說：「希望孩子能過得更好一點。」重點是，什麼才是飛揚想要的更好？我不知道，只怕飛揚自己也不知道。

原本也是青春洋溢、夢想光鮮的女子，不過十幾年就被磨成了面目可憎的樣子，飛揚說這是命，我說這是運。很多人未必就是命不如人，而是自己誤了初心糟蹋自己的臉，長出一副「臭面孔」，或是「死面孔」，讓自己的好運道也跟著散失了。

飛揚在公司的人際關係也不好，要不是因為自己還算努力，她的位置根本坐不牢。但也多年沒有提升，和自己同年進公司的一位男同事都已經成了總監，她還只是個主管。

她用一副強裝智慧清高的「臭面孔」示人，在同類的人眼裡，這就是裝，在真智慧的人面前，這就是底子虛，左右都不會逢源。

你的臉就告訴了別人你的生活狀態和人生選擇，一個人有沒有格局和前景不是用

錢告訴人家的，你的面相就已經暴露無遺。

這就是為什麼有些人看似失去了很多，看似沒有了機會翻盤，仍然可以不急不躁，可以穩如泰山，可以靜待轉機，就是因為你或許連做人家的敵人都沒資格。眼前的一點小人得志，或是雞犬升天，看似贏實則輸，來日方長，都是要還的。

我們的人生終究需要自己操盤，見識＋能力＋格局，才能把很多人甩在身後走得更遠一點。這一點上，男人與女人同等，事業與情感同理，堅持與幸福同路。

看看自己身邊，那些長出了一副臭面孔、百般不滿滿嘴抱怨、看到人家好就譏諷嘲弄、自己不如意就恨不得大家都倒楣的人，哪一個是情感幸福、事業豐收？即便眼前有點所謂的錢財、地位，但脫不開沒有教養的粗鄙，什麼都難以守得長久。

而那些生活幸福、不缺錢也不缺愛的人，哪一個不是面相清麗、輪廓圓潤、言語平和？即便有身家、有地位，人家也保留謙遜與教養，就算骨子裡的清高讓別人不能隨意親近，也不會讓人覺得討厭，只會心生仰慕。

你的愛情死了，但你的生活還在；你的事業維艱，但你的能力還在。人生無常總

是如此，波峰低谷交替而來，拚到最後能救贖自己的，就是處變不驚的心境。你要學會長大，一個人抵得過千軍萬馬。

任何時候你都要懷揣希望去努力，靜待那些美好的人和事出現。慢慢地，希望的美好就會出現在你的臉上，每每看去，你的外表都充滿了溫柔的暖意和純淨的童真，美好才會不期而至。

願你走出半生，歸來仍是少年

馨兒是我的高中同學，皮膚白皙、小巧玲瓏，當年畢業後去了母親工作過的綢緞店做了店員。她也是同學裡最早結婚的，先生是巷子深處鄰居家男孩，讀了技校在修車廠工作。

當年兩個人的新房是公婆家的閣樓，有些擁擠，但布置得很有家居的味道。先生心靈手巧，在角落給妻子留出一個工作間，她秉承了母親的手藝會做衣服。先生還在牆上開出一個展示架，放著他喜歡的各種車模型。

馨兒做媽媽的時候我還沒大學畢業，記得去醫院看她的時候，抱著孩子微笑著的她，忽然就像個大人了。我們還是會一起去春天的太湖邊賞花、秋天的天平山看楓葉，帶著另外一半，後來又有了各自的寶寶。

馨兒工作的綢緞店生意不是太好了，好在先生已經成了維修汽車的高手，在社會高速發展的年代，他們倆相守著過安靜的日子。但原本封閉的城市已經變成了經濟熱地，我的心變得不安分起來，想看看不一樣的世界。

我先是離了婚，然後要換個城市生活。幾位要好的夥伴都覺得我是瘋了，只有馨兒說：「出去看看也好，你這樣的女孩說不定會有什麼奇遇。」原本我以為最會反對的就是她了，可那天說這句話的時候，馨兒的眼神亮亮的。

我離開小城的前一天，馨兒夫妻倆請我去家裡吃飯。那時候她的兒子已經八歲了。公婆幫他們帶大了孩子，身體也日漸衰老。馨兒說：「我們都是獨生子女，有四個老人要照顧，而且讀書不多，沒辦法像你一般說走就走，但你就像我的夢，看著你飛來飛去也是好的。」

又過了幾年，我已經定居北京，馨兒的公婆陸續生病，偶爾回去她都沒空再去太湖和天平山，因為臥床的公公兩個小時就得翻一次身，婆婆也需要有人陪著去散散步。綢緞店已經關門，她就全職在家照顧病人和孩子。

再去她家的時候，那裡依舊收拾得一塵不染，斑駁的木地板擦得很亮，馨兒還是如少女般清瘦，氣色卻很好。也是奇怪，馨兒經濟條件不算好，還有繁重的家務瑣事，但她的身上卻看不出一點滄桑，甚至還帶著淡淡暖陽的味道。

她的兒子一直睡在樓梯間的一張小床上，但並不耽誤他長得高高大大，性格開朗且懂事。他從小學習小提琴，而且各科成績優秀，一路保送進明星高中。

正說著話，她家先生拎著新鮮蔬菜回家了，還記得給我買的是黃天源的糕團。先生身上穿著的絲綢襯衫出自馨兒之手，天天在修車廠上班的他，衣著卻極為乾淨整潔，一看就是精心熨燙過的。輕盈和乾淨，是少年才有的模樣。

馨兒喜歡穿絲綢質地的衣服，幾乎都是她媽媽做的，真絲的衣服是好看，但很難打理，打開馨兒的衣櫃，我也會驚嘆她的整理術。一個女人最優質的部分都在細節中，婚後女人的家也是一種自律。馨兒說：「沒有太多的錢，也要學會斷捨離，才能騰出手去賺來新的。」

馨兒泡了紅茶，張羅著我吃糕團，還有她自己做的馬蹄糕，茶具是純白的瓷器，那是馨兒的最愛。她說：「我總看到你發下午茶的照片，好美，等我有空了一定去找你。」我知道她走不開，哪怕只是一天。

馨兒的先生洗菜做飯，還不時過來問問我外面的見聞，看到馨兒的頭髮散了，他幫她重新攏起來戴好髮夾，然後笑著說：「馨兒放下頭髮最好看，可她總是嫌做事情的時候不方便。」他看她的眼神，清澈寵溺得一如當年那個天天等馨兒放學一起回家的少年。

哪怕只是極小的變化，都逃不過馨兒的眼睛，每次見面都會用手臂抱一下我的腰，偶爾感覺胖了會提醒：「要不少吃點，要不多動動。」巷子裡有一處小學，操場對外開放，馨兒和先生一直在那裡打羽毛球，從少時的青梅竹馬到現在的相濡以沫，好像時光在他們兩個人身上靜止了。

前幾年馨兒的公婆相繼去世，馨兒用多年的積蓄開了一家中式裁縫店，她學習多年的手藝有了用武之地，再加上母親幫忙，生意還不錯。再去看馨兒的時候，她穿著自己做的旗袍站在店門口等我，小橋流水人家，她像極了我們年幼時她媽媽的樣子，那是個美人。

我住在不是故鄉的城市裡多年，情感生活起起落落，馨兒也像我的一個夢。很務實，一輩子只堅持最初的選擇，不遠嫁，一輩子只睡在一個男人身邊。馨兒是幸福的，不折磨的人生中，她有堅持也有得到，身體住在小城，心卻很大很大。

跑過小街，和店門口的馨兒相擁，她說：「嗯，都這個歲數了腰圍倒是沒變化，遠遠看著你白T恤長裙，還像上大學時的你。」

馨兒之前總擔心我過得艱辛，總怕我會孤單，她說：「現在我知道你也是幸福的，屢戰屢敗倒讓你越挫越勇，我也能放心地看著你繼續折磨。如果沒有人陪你顛沛流離，那你就做自己的太陽，溫暖每一寸人生，最終還是可以用幸福快樂做總結。」

馨兒的先生又來送下午茶點心了，然後匆忙趕回去說要燒小菜招待我。馨兒說：「我終於有時間能去北京找你了，看看你喜歡的那個城市，以後一年和家人去一個沒去過的地方，擁有你的見識。」我說：「我又有了新目標，需要做些新改變，看看自己能不能過得更好一點，擁有你的恬淡。」

電影《終極追殺令》中，瑪蒂達問里昂：「生活是否永遠艱辛，還是僅僅童年如此？」里昂回答：「總是如此。」

成年人的世界中沒有「容易」二字，擁有夢想任何時候都不晚，只是你要一直在路上，風雨兼程，不改初心。

我們聊得興高采烈的時候，連她兒子帶著女朋友走進來，都沒注意到。還好，孩子都已經長大，我們還健康未老。

你從來都沒有不愛過一個男人吧

雨菲最近問我：「老公一年都不跟我親熱了，是不是不愛了？」我記得她之前就說過這種事情，夫妻之間沒幾次性生活。

老公出軌緋聞不斷，雨菲吵鬧不休但沒提過離婚。她說：「我們都愛著彼此，總不能一有什麼爭執就離婚啊，再說我也有缺點。」雨菲自我反省的能力一直就很強，早幾年男人出軌同事，她以為是年輕女孩勾引，換個工作就好了。後來又出軌同學，她認為是自己沒生孩子讓老公太閒了。

雨菲懷孕的時候就堅信是個男孩，這樣就能對老公家裡有交代了。婆家重男輕女，雨菲只要生了男孩才能正室位子不旁落，婆婆保證過，如果生個男孩，兒子還要離婚就打斷他的腿。雨菲生兒子的願望得到了滿足，但老公卻懶得再碰她，在外面照樣招貓逗狗，忙得不亦樂乎。

別人以為雨菲過著養尊處優的日子才忍著渣男，其實她也得朝九晚五上班賺錢，老公的薪水不如她多，還拿家裡的錢給外面的女人買奢侈品。她淪落到又得傳宗接代、又得賺錢養活孩子和婆婆的地步，連情欲都得被壓抑，早早沒有了性生活。

雨菲結婚七年，最近五年裡老公和她發生關係的次數，用十個手指頭都能數得過來。至於接吻這件事，雨菲說她都想不起來是什麼了。但她還是堅信老公也愛自己，因為他每天都回家，對孩子也非常好。

男人愛你？不吻你也不跟你睡覺，那還愛什麼啊。可雨菲還在堅守她的婚姻，她說：「他終究也沒要跟我離婚，我為了孩子也要把家維持下去。」

雨菲認為自己如此堅持去愛著這樣一個男人，也是很勇敢和偉大的事情，不離不棄才是真愛。說起我離婚的時候，她說：「你有沒有想過，也許你身上也有缺點，果斷地離開一段感情是需要很大的勇氣，但是值得挽回的感情更需要勇氣。」

我回答：「不是所有的婚姻都有出軌，愛情沒有了也根本談不上什麼挽回，我已經不愛那個男人了，今年不離還留著過年不成？」

我知道雨菲聽不懂我的話，因為她只知道去愛一個男人，卻從來都沒有不愛一個男人，哪怕那個男人很渣。

雨菲說：「吵不散的戀人才是真正的戀人，能共同經歷風雨的感情才是好的感情。現在出問題的男人這麼多，互相的不信任感和危機感才是感情的殺手，相信自己信任他又如何？他亂花漸欲迷人眼又如何？但我內心的底氣讓我相信我們始終是相愛的，誰都拆不散。」

如今的雨菲卻要在「人財兩空」裡再生個二胎，據說是因為婆婆認為孩子多了，男人就更捨不得家了。

不是每個人都會成長，更多的人也會變成連自己都曾經討厭的模樣，已經變得更好一點的我們，為什麼要讓渣男來愛自己，並且以此自信？我還是去找更好的男人來彼此成全有品質的情感生活吧。

只有愛一個男人的勇敢和偏執，很多女子為了愛情不聽父母，不看門第，不管男人是否有家室，甚至為了結婚生子垃圾桶裡撿來的渣男都可以將就，卻從來都沒有不愛一個男人的自信和骨氣，甚至明明不愛了也為了所謂的家庭圓滿忍辱負重。

我們都不可能一生只愛一個人，而成長的意義，就是讓我們不斷修復和提升自己，以便更好地去愛與被愛，去試試想過的和能過的日子。

我從來不屑在一個自己不愛了的男人那裡浪費時間，自信告訴我，一生很長，我可以邊走邊愛，沒有必要原地踏步窮吵窮鬧，變成爛人做爛事，惹麻煩。

很多女人都在妄自菲薄，甚至也認為離婚一定是因為出軌之類的爛事，卻沒有幾個女子能真正瞭解，我們也會在因為經歷一些失望後不愛那個男人而揮手道別，沒有抱怨也沒有遺憾，不說再見就是永不再見。

這世間有千萬條路，不同路的人也千千萬萬，何必在意？哪怕只是同行過一段路，也是好的，然後在分手處微笑著告別。每個人的一生都是如此，好多人來又好多人走，我們其實沒有那麼多的時間留給傷心。

傷害不斷的愛都不是愛，左顧右盼的情都是濫情，你沒有價值的時候，你的付出都一文不值，你的愛就是別人眼裡的麻煩，你有價值的時候，你的愛才是別人生命中的一盞燈火。

《三生三世十里桃花》的其中一世，白淺是凡人素素，被一干人等百般欺辱，甚至連愛她的天族太子也不能護她周全。另一世裡，白淺是帝君上神，被一干人等頂禮膜拜，甚至天族太子再見到她的時候，也這樣說道：「夜華不識，姑娘竟是青丘白淺上神。」

「沒有你，我也能過得很好。」當女人最終修練成了這樣的生活姿態，讓男人也需要偶爾去仰視你的時候，他才能重新思考自己的位置和你的價值，從而讓自己的情感更加真誠和長久。

驕傲，不是讓你不去愛，而是要為你贏得選擇更好的愛的資格。

人活這一世，風雪路途遙，我只追求一種成功，就是按自己喜歡的方式過此生。

健身這件事溫柔又強大

前一陣去銀川尋覓美食，那裡有中國美食家公認的最優質的羊肉，被稱為「舌尖上的青草香」。因為行程滿滿，每天都會吃完三餐甚至是宵夜之後才回旅館，連著幾天都沒空去健身房做運動，結果就開始心慌了。

靠做運動保持身材的人，一天不去健身，就會活在「我胖了」的恐慌裡。當美食和體重成正比的時候，運動就可以兼顧兩者，既不耽誤享受生活樂趣，又能保持身材健美的唯一方式。

每次我在跑步機上累到想放棄的時候，眼前就飄過無數美味食物，那是我的動力。還有身邊男人的六塊腹肌，以及閨密生完孩子就恢復到孕前的體重，這些則是我的榜樣，想到他們我就不得不再咬牙堅持。

年華易逝，如果你能保持又瘦、又美、又健康，歲月就會變成一枚大力回春丸，所有美好的人和事照樣圍繞在你身邊，根本就沒有年齡的牽絆。

我的文章裡很多寫的都是身邊發生的故事，我不斷地看到有女人問我相同的問題：「我其實就好奇，真的有再婚帶孩子嫁得好的女人嗎？多嗎？還是為了安慰我們女性朋友，才杜撰的事情？」

如果女人始終生活在一口井裡，長期和井裡的青蛙為伍，總是說著眼前那些雞毛蒜皮的小事，守著遊手好閒的男人當飯碗。這種不到一百塊的生活過久了，眼界也就窄了，沒有能力甚至也沒有信心去看看外面的世界，即便看到點美好的事物也不相信存在，遇到點美好的男女也因為自慚形穢，表現出心虛的幼稚和忌妒的猜忌。

我總是強調胖和瘦的差別、健身和不健身的差別，是因為你如果能對自己的肉自己說了算，那你的生活就能自己做主了。如果你能長期堅持健身這一件事，就很難再有什麼困難能讓你輕易說放棄了。這是自律的第一步。

身為女人，最應該長期堅持的事情就是保持自己美好的顏值，如果連這個你也能放棄，那我根本不認為世上還能有什麼讓你獲得幸福與安全。

好多人都在說運動，但如果不能真正享受到運動後帶來的快感，就很難堅持下去。我以前喜歡打網球，現在因為身邊人是跑步健將，我又愛上了去健身房做專業鍛鍊，除了瘦還要有緊實的肌膚和明顯的馬甲線。每每運動過後大汗淋漓，皮膚白裡透紅，讓我感到神清氣爽。

堅持哪一種運動都是如此，前半段靠體力，後半段靠毅力，辛苦且枯燥地不斷重複。我去健身房也化淡妝，一年四季穿緊身合體的運動短褲和T恤，束起頭髮露出有美人筋和鎖骨的脖子。

女人做運動時汗濕的秀髮和嬌喘，都是十分性感迷人的。**我們自己要懂得挖掘自身的美，自信都是從這樣的努力和堅持中變得強大，又成為你的氣質和魅力。**

我喜歡在健身房裡對著鏡子裡的跑步機跑步，抬頭挺胸調整呼吸看著鏡子裡的自己。每每堅持不下去的時候，我就告訴自己：「我多跑一步，就離更好的自己又近了一步。」

健身的同時也是和家人、朋友互動交流的時間，不需要什麼語言，我們一起運動、一起健康、一起瘦，就是殊途同歸的美麗夢想，沒有什麼能比這理由，更能讓我們一直相親相愛下去。去健身房也是女人的一種情趣，充滿了對生活和自己的愛意。

我觀察和接觸過一些喜歡戶外運動，或是長期堅持去健身房鍛鍊的男女，各行各業的都有，年輕的大多有不錯的職業和發展，年長的很多都是成功人士。他們往往都有一個共同的特點，就是生活相對簡單，幾乎都沒有不良的生活習慣，因為除了工作和事業，他們把精力都給了運動和家庭。

我幾乎可以把愛運動的男女和也愛家庭聯繫在一起，因為歷經世事滄桑心事定，我們最終的歸期都只是一個家而已。愛運動也是男人的一種純真，保存了原始的野性又不乏現代的性感。

在北京這樣生存壓力巨大的城市裡，能擁有這種生活態度的男女一定都是狠角色，因為他們要比別人更努力，才能去享受大都市便利的公共設施，才能去如此執著地關注身材和健康。

當我們跨越生存的艱難，邁入生活的門檻之後，還會遭遇舉步維艱的時刻，於是有些人又回到了原點，越不安越焦慮，有些人則體味到了樂趣，越努力越安全。

看上去讓自己一直又瘦又好看的過程好像很辛苦，其實你只要把「瘦」養成了一種生活態度，做起來就毫不費力了。看著那些原本就適合你的小尺碼美裙靚衫，不需要多修飾更不用修圖的自拍照，身邊人驚豔羨慕的眼神，完全會忘記年齡的坦然，你就知道自己如此堅持健身努力瘦著，該是多麼有價值了。

常常有人問我美好的女子是什麼樣？其實無所謂一個人還是兩個人，更好的生活態度就是不需要任何標籤，不浮誇、不張揚，不再需要被人捧，也不再需要很多愛，我們內心卻清楚明瞭：「是的，我就是這麼努力這麼好。」

世上最幸福的事情之一，莫過於經過一番掙扎和努力後，所有的東西正慢慢變成你想要的樣子。

就是要讓身邊的男人先是貪圖上我們的美貌和肉體，然後才是迷戀我們的才華與靈魂。

賺錢到老的女人

那天你說：「我要一直賺錢到老。」隔著電話，我都能感覺到你明媚可愛的笑顏，像極了北京暴雨後的彩霞。

若雲二十多歲的時候就拿百萬年薪了，銷售的工作得心應手，也沒有耽誤她和大多數女孩一樣，戀愛、結婚、生子。若雲的丈夫原本也是公司白領，因為擅長做飯，他漸漸替代了若雲，承擔了家庭裡的大部分家務，孩子也是他照顧得多。

事業成功的女人，忙碌也是免不了的。雖然若雲經常出差，但收入也逐年增長，她漸漸替代了丈夫養家的責任。再後來，丈夫索性辭去了工作，女主外、男主內。

一方工作、一方回歸家庭的模式，在經濟條件能夠得到足夠滿足的情況下，原本也是一種離幸福最近的模式，但多少還是存在一定的風險。

在某些年齡段產生的愛情，註定了不可能誰就是誰的一生，我們也都不可能一生只愛一個人。人生的某些階段因為個人的努力或是堅持，能夠得到成長和提升，但對有些男女來說，三十歲之後就是不斷在重複之前的路了。

男女情感的疏離，夫妻之間的冷漠，大抵是因為我們彼此發生了改變。當其中一方不再願意駐足等待，或是另一方固執己見、不進反退，漸行漸遠是必然的結局。

男人居家的風險更大，因為他原本就不適合圈養。若雲的婚姻也沒有逃過所謂的七年之癢，其實就是夫妻從收入到心態嚴重失衡的過程。若雲也有過為了年幼的孩子忍一忍的想法，於是過去了一年又一年，孩子卻並未給夫妻情感帶來任何好轉。

若雲說：「他知道我最在乎的是孩子的感受，就每次都當著孩子的面跟我吵架，我要賺錢維持家庭開銷和提高生活水準，他卻最終用我拚命工作賺錢這件事來懷疑我和羞辱我。」

我說：「沒有經濟能力在家庭中原本沒有什麼話語權，努力爭取的過程中就免不了無中生有和無理取鬧。這種事情男人往往會做得更極致，因為男權社會中的男人習慣壓制女性。」

這樣的婚姻又持續了五年才最終結束，若雲給了前任兩間房子和N筆存款。她說：「他還是孩子的爸爸。」

若雲還是很忙，出差的時候前任會到她家裡照顧、接送上學的孩子，等到她提著行李箱回家，家裡收拾過了，冰箱也是滿的。前任很快有了個九〇後的女友，但從沒有耽誤過孩子的事。

若雲之前一直很瘦，離婚後居然胖了五公斤，越發豐滿漂亮了起來。前任也感嘆：「看樣子你和我生活在一起的時候真的是不快樂的，現在的你過得更好。」

三年前，若雲認識了L先生，彼此都有好感，他是熱愛速度與激情的北方男人，給了若雲從未有過的穩重與性感。但某天L先生忽然就不再聯繫她，以若雲的性格，她根本不會追問。

過了很久，若雲才透過朋友得知，曾經資產過億的他破產了，目前正在借錢東山再起。若雲將手頭的現金湊了三百萬匯給L先生，

儘管他當時並沒有跟她借錢。若雲輕描淡寫地說：「生意場上禍福瞬息萬變，誰還沒有過難處？」當時L先生已經四十五歲，大環境並不好，從頭再來一定很難。

一年以後，L先生還了若雲的錢，還帶來了高額利息。又過了一年，L先生在北京站穩了腳，對若雲表白，還很抱歉地說：「現在還沒有錢在北京給你買間房子，以後會有的。」

若雲生活在南方大都市，她有不只一棟房子，也賺了很多的錢，她早就靠自己看遍了世間的繁華，也嘗過了人情的冷暖。L先生曾經輝煌的時候，她付出情感也風輕雲淡，L先生墜入低谷的時候，她傾囊而出同樣也輕描淡寫。

最穩固的愛情，不過如此，好的時候彼此成就，不好的時候也能彼此分擔，共度一些艱難的時刻。而我們都需要一些這樣那樣的能力，才對得起一句「我愛你」裡的責任。

人生無常，多變的情感裡，多出的那份恩情，就是我們為自己傾力打拚出的能力。別人能給你的，我能給，別人不能給你的，我也能給。

上週她和L先生去別的城市度假，聊起自己的事業。若雲說，現在從事的行業這幾年不太景氣，今年打算轉行做些別的。很有商業頭腦的L先生提了一些建議，並且囑咐若雲不必太辛苦。

四十五歲的若雲也面臨重新選擇，再去承擔未知的風險，儘管她就算現在什麼都不做，也能過上豐衣足食的生活。

昨天和若雲通電話，她說：「男友說從下個月開始，每個月給我五萬到十萬的現金，以後賺得多了就多給，讓我存著買房子。」

其實他們倆現在根本不需要著急在某個城市買房子，L先生這樣做，無非用行動告訴若雲不必為新事業太著急，一切有他在。我說：「他給你，你就收著，我知道你現在用不著，但這也是他的愛情，你就成全他好了，另一方面你想做什麼還是去做什麼，不要為任何人任何事停止自己的腳步。」

若雲回答：「當然，我會一直賺錢到老。」這是我聽過的，女人愛自己最美麗的誓言了。

男人的錢在哪裡心就在哪裡，這也是男人在向女人託付終身。而女人託付終身的方式卻是獨立的能力，要永遠保持和自己的男人在心靈上高度同等。

你是什麼樣的女人就會遇到什麼樣的男人，你付出什麼程度的努力就會有什麼程度的工作，你有什麼樣的責任擔當就會有什麼樣的生活收穫。

若雲已經過上了很多女人嚮往的生活，但她還在努力，對人生和情感的規劃一直都沒有停止過，因為還有未知的風雨，還有更好的生活。

一生努力，一生被愛，對女人來說，才是最大的安全感。

輯四

做一個會表達的女子

立場：勇敢做自己

不自救的人生永遠是痛苦的

潘小花終於買了一間兩房格局的屋子，這是她工作十年，努力辛苦並且省吃儉用才得來的，雖然是在北京六環外，但唯有擁有房子才算定居，是很多和潘小花一樣的外來人共同的目標。潘小花的買房過程顯然更吃力，她出身北方偏僻農村，下面有弟妹，父母務農沒有生活保障。

潘小花大學讀書靠貸款，畢業工作後拿了薪水除了還貸就是寄回去養父母，供弟弟讀書。妹妹早就嫁了，但夫家同樣窮。母親打電話不是說弟弟上學要用錢，就是說妹妹那邊養了孩子，要麼就是七大姑、八大姨家各種人情紅包等。總之，潘小花每個月都盼著發薪日。

父母唯獨不操心三十三歲的潘小花還沒有結婚，不是她不漂亮，而是沉重的家庭負擔讓她忙到顧不上經營情感，過多的麻煩讓男人望而卻步。自己合租的小屋裡，常常住著來北京的家人和親戚，為這事潘小花搬了好幾次家，因為沒人願意和她合租。

去年潘小花又有了男友，對方是北京人，工作收入也穩定。認識小花的時候她已經付了頭期款，人家就拿錢裝修房子，答應以後一起還貸。這樣的男人已經很少見，重點是小花也一直想找個當地人，據說更穩定。

去年房子一裝修好，潘小花的父母就帶著家當和兒子浩浩蕩蕩來了北京，弟弟沒考上大學，小花拿錢讓他在北京讀自費的私立專校。又過了沒多久，妹妹也帶著孩子和老公來了，說是農村種地沒啥錢，要進城打工，八十平方米的兩房又住滿了人。

潘小花沒錢買車、養車，每天用一個半小時進城上班，然後用同樣的時間擠地鐵回家。男友雖然有車，但家住另外一個方向的郊區，工作日沒辦法接送女友。以前還可以週末約會，可自從潘小花家人來京，週末常提各種要求讓男友開車去辦，這次是逛逛北京城，下次是去看病，再下次是接某個親戚來、送某個親戚走。

這樣的日子，男友也堅持了半年，然後潘小花要求他跳槽到另外一家公司，據說更有前途，收入也高了一些。這是她原上司新開闢的事業，而且在潘小花上班的路上。男友猶豫的時候，潘小花不高興了：「你到底愛不愛我？我們現在房貸負擔那麼重，不趁著年輕多努力賺錢，以後拿什麼結婚養孩子？你得為我想想啊。」

男友最終妥協，但幹到今年有點堅持不住了，男友的父母也怨聲載道。剛起步的新公司，各種加班加點忙到沒有休息，有點時間還得被女友家呼來喝去，原本家人就不同意他和潘小花戀愛，現在爭執更多了。

兩家人第一次見面就鬧到不歡而散，潘小花家提出要聘金。男友家人覺得，女方家困難可以提供幫助，但不能接受這樣赤裸裸賣女兒的方式。潘小花去男友家道了歉，表面才過得去，但她跟男友說：「那麼多年，我一個人負擔得那麼辛苦，畢竟是我的家人得管啊，何況現在我只有你。」

男友於心不忍，還是拿出自己積蓄給了潘家十萬，那邊才有了點好臉色。但潘小花其實更心疼，男友的錢也是自己的錢，給了父母自己卻用不著。於是她除了爭取升職加薪的機會，更是督促男友要如何如何，經常干涉他的工作，大清早打電話給他提醒他去加班，深更半夜要他再看下信箱等。

故事看到這裡，追劇《歡樂頌》的大家是不是很眼熟？是的，潘小花就像是電視劇中的樊勝美。她們都有個「吸血鬼」式的家庭，一家人都靠大女兒一個人活著，而且還變本加厲，對女婿和兒媳之類的外人也不例外，不給「血」吸，就鬧到誰也別想過好。

生活中的「樊勝美」們有一樣的生活模式，她們往往厭惡自己的家庭和出身，所以努力逃離到大城市，但還是被繼續「吸血」。開始時各種努力，或許也能有一席之地，但終會不堪重負，把以後的希望寄託在男人身上，成為自己曾經最討厭的人，過上了自己曾經最不能接受的日子。

她們找男人得先看有沒有大城市戶口，有沒有房，有沒有錢。實在因為年齡不得不將就的時候，也沒有多少談情說愛的心情，面對還不夠有錢的男人，名為鼓勵鞭策，實則也是進入了「吸血」模式，各種抱怨苦逼，然後動不動就用分手威脅。

潘小花男友的家人先有了察覺，他也發生了動搖，他的家庭畢竟只是個普通家庭，根本沒有多少新鮮的血液來餵養未來丈母娘一家人。他說：「如果有真情在，就應該有體諒在，但小花越來越沒心思談愛情，說得最多的就是錢，就是要穩定，希望我家能買房子再結婚，房子肯定要買，但會不會又成了她家人的公用房？我不想再試了。」

最終潘小花還是遭遇了第四任男友的分手。能看得出她的傷心，但她擦了擦眼淚說：「看樣子，我以後還是要找個有錢的，才能給我穩定的生活，讓我安心。」

是的，「吸血鬼」式的家庭，以及那些也變成了「吸血鬼」的女人，最終都要找個有錢又有閒的男人才能供得起。但問題的關鍵是，你自己還有多少資本能讓那種有錢又有閒的男人這樣做？

越是出身底層的人就越是要求穩定，越是對房子和票子充滿了渴望，甚至因此變得更加貪婪和無底線。

眼界決定格局，這就是為什麼女人要多讀書、多見世面的原因，這是唯一能為我們自己好，讓自己最終擁有能夠看到今天的苟且，從而擺脫明天繼續苟且的能力。

沒有信心靠自己的奮鬥找到前途和穩定的人，很難看到他們獨立的精神和堅強的個性，可能一輩子都掙扎於焦慮和攀比。

生活裡獨立自信的女強人們，不會要求男人有房子和錢，因為人家眼前一直有「詩和遠方」，自己也有能力看遍世間繁華。這樣的女人卻偏偏會有更多金更優秀的男人來到她的身邊，帶她去坐旋轉木馬，那是愛情最初的模樣，卻不是有錢就能擁有的幸福味道。

如今的社會，底層出身的人拚命追求穩定，為房價、物價操碎了心，抱怨且脆弱，中產階級在努力實現自我價值，為追求高品質的生活承擔壓力，精英們在為這個世界創造價值，對待情感和生活也更積極通透。

每個人都有壓力，但活的方式不一樣，得到的結果完全不同。想要什麼，就靠自己的能力去得到，不自救的人生永遠是痛苦的。

就是要和比你優秀也好看的人交朋友

小薇比愛雅晚進公司一年，都在運營部門，配合協調整個北區的銷售工作。小薇進公司沒多久就獲得多個上司的喜歡，名校畢業頭腦反應也快，而且貌似家境不錯，每天上班都打扮得很是時尚，好像是給忙碌沉悶的工作吹進了一股清新的風。

這讓覺得自己也很努力的愛雅心生忌妒，年後升職的事估計也吹了。她故意疏遠、孤立小薇，偶爾在工作群裡也暗算小薇，原本是個單純的女孩，入職場沒多久就跑偏了，對同事越來越刻薄並沒有起到她想要的效果，倒是被經理叫去談話。

經理在職場搏殺了十幾年，見慣了新人們這些浪費資源和時間的爭鬥，完全是低段位，卻都還認為自己最聰明。愛雅又藉機抱怨小薇種種不是，經理卻反問：「別的部門經理為什麼也喜歡小薇？」愛雅就嘟囔：「不就是假裝積極總是加班，還會拍馬屁嗎？」

經理回答：「我們本來就是支援部門，小薇對任何需要她幫忙的人都有求必應，這也是工作的一部分，做得好不好不一定，但一定會及時回覆。她每天提前半小時到辦公室，保持著在大學就不睡懶覺的習慣，每天下班前再次查看郵件和問過主管後才離開。她週末隨時回覆手機簡訊和郵件，雖然這方面公司做得不夠好，但身為職場新人和菜鳥，你不積極飛就一定落在最後。」

愛雅一肚子氣，下班後吃飯都沒了心情。我說：「你就慶幸吧，不光進了大公司，還遇到了有競爭力的同事，可以供你參考借鑒自身到底夠不夠努力，又有一位願意心平氣和跟你討論職場人生的上司，即便小薇想踩著同事的肩膀往上爬，你現在也沒有能力供她踩，先放下這份多操的心。」

小薇自己知道的事情會做好，不知道的會虛心請教主動加班完成。為人細心、慷慨，有時候中午大家吃過飯回到辦公桌前，就發現她又帶了咖啡上樓，並且一定是人家喜歡喝的口味。轉正的時候請全部門的人吃飯，說是因為得到了所有人的幫助。她在辦公室不玩手機，也不玩遊戲，閒暇的時候就看看書，或是打理整個辦公室的各種植栽。

如今的職場，大多盲目崇信「如何月入五萬」的虛偽成功學，越少有人相信「先做人再做事」的遊戲規則。即便是拚才華，前提也是好人品，如果再加上高顏值，能月入五萬的穩定職位也大多在工作五年以後，十年能拚到如此也已經很是成功了。

其實剛工作薪水都差不多，愛雅自己花都不夠，但小薇還記得省出一點給別人花。小薇的父母都是醫生，不是大富大貴的人家，但她身上表現出的良好教養和生活習慣，家庭環境也一定是富庶、幸福的，但她還是在用認真的態度對待工作和同事，對待自己人生每個時段都像最後一刻一樣珍惜。

小薇說大學裡同宿舍的四個女生，大四沒畢業就全部進入大公司實習和工作，如今個個混得如魚得水，自己不努力的話，聚會都不好意思見姐妹們。優秀的人就像一團光芒，在一起待久了，就再也不想回到黑暗裡。

愛雅其實是不好意思面對如此優秀的小薇，她忌妒，是因為自己沒有對夢想的執行力，想偷懶的時候又眼睜睜看不下去小薇升職。她討厭小薇，是因為她怕被小薇這樣優秀又好看的人討厭，所以自己就要先裝作去討厭小薇。

你知道這個世界最可怕的事情是什麼嗎？就是你明明自己選擇了不需要努力的生活，卻每天抱怨社會對你不公平，指責別人對你不夠好，哀嘆自己錢太少，覺得優秀的人都在裝，幻想自己有一天能大富大貴。

世上有很多種活著的方式，如果你選擇有品質且有溫度的活，那麼與優秀的人為伍，是你走向更優秀的第一步。要知道，生活裡所有的失去和分離，多少都有點「你自己不夠好」和「對方已經不喜歡你」的意思。

你自己身上發生的事情，百分之九十九都和別人無關，因果都源於自身的文化與修養、選擇與堅持。不優秀甚至不努力的你，有時候根本就沒有選擇權，卻一直要把自己的日子過成攀比忌妒和慌不擇路。

長得好看是上天的恩賜，活得好看卻是我們後天修練的本事，「人人被造而平等」，而非「人人生而平等」。

有一次坐長途飛機，旁邊一位小姐登機時就化著精緻的妝容，穿著有品位的時裝。因為長達十幾個小時飛行，我穿著寬鬆的運動套裝才會覺得舒適，小姐卻是一副要進辦公室開會的裝扮，這大概會讓很多人覺得有點裝。

吃完機上晚餐後，她換了拖鞋，掏出化妝包和洗漱用品去了趟廁所，再回來的時候臉上已經乾乾淨淨。然後又跟空姐要了杯水，往臉上貼了張面膜，最後吃了一顆大概是幫助睡眠的藥片，戴上眼罩睡了。一路上她都在酣睡，完全不受周邊環境影響。手機鬧鐘響了的時候，也是該吃早餐的時間。她吃完飯去了廁所，再回來的時候精緻的妝容又回到臉上，因為睡眠好幾乎不說話，她絲毫看不出像是在狹小空間待了很久的樣子。而周邊的乘客大多面色晦暗、疲憊不堪，還有些因為脾氣變大而引發的小摩擦。

看著她這一套嫻熟的動作，我以為她肯定是位經常出差的白領，這次一下飛機就是奔赴職場。或是，有個帥氣的男人正捧著鮮花接機，她撲進他的懷抱相吻……

結果飛機停穩後，我聽到她打電話：「媽媽，飛機剛落地，我大概兩小時後到家。」那一刻，我覺得她優秀極了。要保持這樣的光芒，因為你不知道誰會藉此走出黑暗。

在職場中遠離性騷擾

女孩，很多老男人都覬覦剛剛步入社會的你！當你遇到如此猥瑣的性暗示，甚至是明目張膽的性騷擾時，你除了讓他滾，就是讓他滾！千萬別以為你跟了他他就會提攜你，你只會因此被視為「便宜貨」，即便真有能力也會被抹殺，還要被同事鄙視。做出這種事情的男人也一定會因為你的就範，最終全身而退，吃虧的只是你自己。

有些不那麼年輕的女性在換工作或是升職後，遇到一些身處高位的老男人時，還是會遇到性騷擾。讀博士的閨密友也遭遇過某位五十多歲教授的各種暗示，總之以為跟了他就會好處多多，不聽話就各種刁難讓你不能順利畢業。

閨密留下了被對方騷擾的各種表白和利誘的證據，她整理了一份先發給他的老婆，然後告訴這對夫妻：「還不收斂就採取進一步措施，我不怕撕破臉，因為身後還有愛我的家人支持。」那位正室倒不是和他「風雨同舟」的髮妻，後院起火立刻沒了氣焰，據說一個多月的時間，教授的頭髮就全白了。

隨著生活壓力的增大，社會上有的人變得更加功利，有些男人過了三十歲就顯得老氣橫秋。如果再當上個小主管，就更沒法看了，大多都人面獸心、腹黑猥瑣起來。表面看起來事業有成、春風得意，背後卻上有老下有小，一旦失敗就無力再爬起。看年齡他正在步入衰老，看心態他或許已經比年齡更老了。很多人或許能活成「人精」，而不是什麼人品，這個時候的男人真做出了有悖道德人倫的事情，就會更壞。

昨天有讀者留言：「一個老男人有家室，追了我四年，其他都還好，他也儘量抽時間陪我，就是感覺他在錢上特別摳門，其實我並不圖他的錢，為了圖錢我也不會找他。但他的算計和耍的一些心眼讓我感到很噁心。曾經一度懷疑他就是為了性才和我在一起，我覺得兩個人在一起就應該沒有保留，坦誠相待，可我又下不了分開的決心。怎麼辦？」

很明顯這又是一個覬覦你的老男人，他沒有資格說愛情，因為只剩下心機來算錢財了。這樣的人原本就不該碰，碰了就是女人自己的災難。其實，老男人無論從生理和心理上來說，都不是同齡女人的對手，也就是他們嘴裡說的那些「老女人」。所以老男人都喜歡小女人，因為年輕女子不是他的對手，他也可以隨著自己的意圖，重新塑造愛情的理論，顛倒情感的黑白，把男女關係弄成一場玩笑和買賣。

雖然老男人並不是什麼真正的「藝術家」，但他有權力與金錢做支撐，讓小男人們望洋興嘆，讓小女人趨之若鶩，讓並不好笑的笑話一再上演。實際上年齡越老的男人在情感的選擇上就會越自私，只有年輕些的男人才有可能為心愛的女人真正屈膝。

離過婚的老男人多半對女人抱著懷疑的態度，一邊想吃「嫩草」，一邊又怕別人惦記他的錢。上一段婚姻或許已經分掉了一半家產，剩下的當然要看緊，這樣的男人本身就很難再去愛上誰。有家室的老男人，誰愛上就會傷到體無完膚，別異想天開地以為擠走「黃臉婆」很容易，就算他拋開了相濡以沫的感情，也未必捨得下辛苦半輩子賺來的錢財和名聲，因離婚而損失大半。

當小女人遭遇老男人，小女人多半會黏在情網上掙扎無力，以至於讓那些沒權也沒錢的老男人也開始了心癢癢，以為越老越有魅力，越招女人愛。路走得長了多少都有了些騙女人的伎倆，喜新厭舊又不犯法，「道德法庭」的力量畢竟太小太小，罵也少不了他一塊肉。這種老男人最「成功」的地方就在於，把自私看成了品質，把無恥說成了大愛，把女人當成了商品。

他的深沉可能是麻木，他的成熟可能是世故，他的沉默可能是頹廢，他的與眾不同可能是因為狡詐。老男人身上有優點，但小男人身上也會有啊，給點時間你就都可以看到金子在發光，什麼男人都有可能成為一個年齡層裡的精品，每個年齡層的男人也都有自己獨特的味道。

為什麼聽過這麼多大道理卻依然過不好一生

社群平臺後臺接連受到兩位小姐留言洗版，昨天十幾則，今天三十幾則，都是年輕的已婚媽媽，孩子還幼小。專科畢業的A小姐語無倫次，大概自己都不知道想說什麼和想要什麼。碩士畢業的B小姐說不想活了，懷疑自己得了產後抑鬱症，敘述間一把辛酸淚。

A小姐結婚前有工作，每月三千多的薪水，但懷孕後就待在了家裡，理由是需要帶孩子。A小姐夫妻雙方都出身農村，都讀了書上了學不缺獨立生活的能力，但還是整日糾結在經濟不寬裕的吵吵鬧鬧中，這樣的日子裡，夫妻爭執逐漸演變成了誰不配誰、誰對誰不好的程度。她還在朋友圈上傳了幾張和老公的合影，大概是為了證明自己也不差。

比如A小姐喜歡吃番茄，可回到婆家用一個雞蛋炒三個番茄婆婆都不讓。自己和老公去菜市場買菜，老公不僅嫌番茄貴不給買，反而還讓A小姐「戒了」番茄。A小姐還喜歡吃巧克力，這一更「奢侈」的願望在男人那裡當然也是得不到滿足的。

只是，如果自己有三千元薪水可以買多少番茄和巧克力？吃到吐也是本姑娘自己樂意，可結婚後的A小姐不能吃這些，因為老公和婆婆不高興。買衣服都是回饋優惠到一百塊以下才能出手，還被老公諷刺胖、黑、沒有工作能力等。我不知道，A小姐的幼子可不可以想吃什麼就買什麼，如果不能，那也是A小姐自己失職。

A小姐懷疑自己可能高攀了老公，或者其實是遭遇了渣男。然而問題本身不是出在這裡。經濟不獨立，自己養活不了自己，精神也不獨立，不是無力而是無心去改變，這樣的女人也沒有資格說愛情談要求，**進入婚姻不過是自己選擇的一個飯碗，至於碗大還是碗小，就得看你在那個給飯碗的男人眼裡值多少錢了。**

如果說是因為自己沒有好出身，沒有找到好工作，沒有人帶孩子，才要靠男人的錢養家糊口，那這純屬懶女人的藉口。生活中很多獨自打拚努力的女子，或許都有著這樣那樣的缺憾，但並不代表不能憑藉自己的改變，而去徹底改變原本不濟的命運，過得好一點和貴一點。

好多女人在打拚的路上也傷痕累累，但**她們依舊光芒萬丈的原因，就在於那些打拚經歷都是自己成長的代價，而不是男人給的恥辱。**

記得有位多金男曾跟我說過這樣的話：「女人一定要有自己的工作，賺多少錢無所謂，但做的必須是自己喜歡的事情，至少也應該有一、兩樣能稱得上愛好的愛好。等她有了價值感和成就感，對男人才會展現女人天性裡的溫柔和寬容，而男人也會尊重這樣的女人，傾其所有，鬥志昂揚地守護她。」

不管多大多老，不管父母怎麼催，都不要隨便步入婚姻，急著生兩個孩子。**結婚終究不是打牌，重新洗牌是要付出巨大代價的，也會傷害到牽涉其中的每一個人。有時候單身反而是一種自信和誠實，真正的幸福不是活成別人那樣，而是能夠按照自己的意願生活。**

B小姐孩子還不滿周歲，目前有份不太忙的工作，月薪兩千多，懷孕期間閒置在家時就被老公嫌棄過，現在還被要求家庭每筆超過一百塊的開銷都要上報，老公同意了她才能用。夫妻兩地分居幾個月才見一次面，用B小姐的話說，那個男人除了和她算錢，其他什麼事情都不做，包括帶孩子。

這對夫妻在自己居住的城市裡有房、有車、有工作，但也陷在整日算計錢、錢、錢的尷尬中，以至於為一百塊就傷了夫妻感情。兩人也同樣做了父母，卻和A小姐一樣，在失職裡糾結自己所謂的傷痛，完全不考慮孩子的利益，原生家庭溫暖盡失。

B小姐現在困惑的是要不要做離婚的選擇，不想這樣委屈生活，但又沒有勇氣和能力帶著孩子重新開始。沒有人可以做到事事都有絕對選擇權，我們都需要在自己暫時沒有能力做選擇，或是根本沒得選的時候安下心去面對現實，然後透過慢慢改變自己積蓄力量，直到可以做出選擇。

所謂選擇是在有能力讓自己過得更好的時候，沒必要糾結痛苦，所謂放棄是在無法改變別人的時候，就只能接受現實改變自己。這不一定就是一種將就，畢竟獨立和能力這兩件事對於有些女人，不是說有就能有的。你暫時沒有選擇，就不要一直慌不擇路，這樣反而會誤入迷途，讓自己套在一環又一環的錯誤中再也拔不出來。

不是事事都能馬上做選擇，以為自己過得不好選擇一下就能脫胎換骨，以為自己痛苦不堪選擇一下就能如願以償，以為自己是個例外選擇一下生活就能變得精彩，都是很不現實的異想天開。人生的某些階段我們根本沒的選，只能咬緊牙關在並不是那麼光鮮的日子改變自己，保持良好的個人形象，積極應對生活和情感帶來的傷痛。

你肯接受現實努力改變你自己，再糾結的無法選擇就只會是人生暫時的疾風驟雨。內心強大的人都曾經沒得選，所以才背水一戰，終是為自己贏得了一個新世界。

A小姐、B小姐都是讀過大學的，原本有獨立的能力，也是戀愛過的，原本有經營婚姻的底氣，但一位因為不獨立、不被尊重，一位因為軟弱被欺負。書都白讀了，能力都荒廢了，底氣也跟著散失，即便曾經漂亮過的臉也會在生活的窘迫和情感的折磨下變醜，以後的日子不過都在重複此時的不堪罷了。

讀書不是說你有什麼了不起，而是讀書這個行為意味著你沒有完全認同眼前的社會現實，你還有追求，你還在努力，你還在尋求另外一種可能、另外一種生活方式。

讀書就是為了不遇到不想遇到的人，為了成為一個有溫度有情趣會思考的人，能夠擁有能力遠離生活裡的渣男。

之所以在女人成長的路上一再強調讀書和環境的重要性，就是希望我們在面對殘酷社會的時候能多些選擇權，從事自己喜歡的工作，遇到愛自己的人，擁有溫暖的家庭，獲取社會價值得到認可和尊重。

而不是只能被別人選擇，讓工作成為生存之下的無奈之舉，讓婚姻成為自己的枷鎖，讓生活淪陷在不到一百塊的雞毛蒜皮中。

職場不相信眼淚，但你要相信自己

朋友圈流傳一篇〈職場不相信眼淚，要哭回家哭〉的文章，分享的大多是「上司」。這兩天又被各種「遇到這樣的老闆就應該辭職」、「抵制這種毒雞湯」的文章洗版，分享的多是「下屬」。

文章說某私企老闆在公司洗手間上廁所，聽到自己公司的實習生女孩哭哭啼啼地打電話給爸媽抱怨：「來公司三天了，每天下樓好幾趟給老闆拿外賣，我上了四年本科，不是為了來拿外賣的……」

結果老闆在反思了自己是吃得多也拉得多的問題後，回到辦公室叫來剛才的實習生一頓職場理論教育。總之就是，你現在就是個實習生，老闆讓你幹嘛就幹嘛，不想幹就走人，職場不相信眼淚，要哭回家哭。

先不論老闆講了多少大道理，又舉了多少名人成名之前的「辛酸史」，我倒覺得有一點小女生必須記住：「洗手間是拉屎撒尿的地方，說了什麼都是自己多聞臭多吃屎，別在公司的任何一個角落說私事和幹私活！」

儘管我也認同職場競爭殘酷不相信眼淚，要哭就得回家哭，但一位優秀的上司不會要求實習生拿外賣，實習生沒工作能力可以讓她走人，但因為在廁所裡跟老媽抱怨了幾句就被趕走的話，這樣的老闆也不值得留戀。

我常常被新人走入職場就得沒臉、沒皮、沒尊嚴，就得被人欺被人騎的洗腦言論噁心到，甚至在一些叫囂洗腦般的「團隊訓練」中總被侮辱、被打屁股了，還大聲叫好和喊口號，搞得跟傳銷公司般的管理模式也是私營企業居多。

可作為職場新人，你不願意「給這個老闆拿外賣」，就要有本事去不需要你幹私事的公司，那裡才會遇到更職業的上司，才不會讓你拿外賣。你要是勤快點願意拿，人家也會說「謝謝，我自己來」。但你要面對的是更多的工作要求，更多的專業挑戰，你或許還是會哭，但這才是為了提升自己該受的挫折和委屈，哭幾次你也就真正成長了。

W先生一直任職於大公司，前段時間跳槽到更高的職位上，巧的是他某日在洗手間裡也聽到兩位同事議論，說是要弄走他這位「空降」的經理。W先生天天上班下班，整日忙於新職位的各種事。某天我忽然想起這事，問他：「你的下屬都熟悉了，找過那兩位洗手間要挑事的下屬了嗎？」

W先生面對電腦頭也不抬，像是自言自語：「年底的任務還沒有完成，我不忙著幹活，年底哪有獎金給你過個肥年？」

這篇職場熱文出來以後，我又好事，發給了W先生，問他對這事怎麼看。W先生回答：「我就不會讓下屬去幫我幹私事，沒有業務能力，即便私事方面跑得再勤快，公司也不會用。」

據我所知W先生也曾把下屬罵哭過，但W先生說：「即便偶爾嚴厲，也僅限於工作中。」

我當實習生的時候也遭遇過類似的事情，女老闆是最早辭職下海的那一匹人，律師事務所也就七、八個人。我剛去的時候很得老闆賞識，那時候沒有外賣要拿，但我倒是天天裝水、倒茶，順便打掃辦公室，也是我的工作之一。

那時候還是書信年代，某天中午我給外地出差的老爸寫信，當然也炫耀了下自己的小成績，又寫了一點自己的小怨言。然後把信放在大衣口袋裡去附近郵局寄，結果到了那裡發現口袋破了，信也丟了。我吃了午飯再回辦公室的時候，在樓梯上看到老闆下樓，我跟她打招呼，她臉色陰鬱沒理我。

坐在辦公桌前，我突然發現那封家書躺在桌子下面，封口像是被拆過。我有些奇怪，信剛才明明拿在手裡，到了樓下推腳踏車的時候才塞進大衣口袋，怎麼也不會掉在辦公室啊。但沒多久，我就從老闆對我一百八十度大轉彎的態度上明白了，老闆撿到了那封寫了地址、姓名也封了口的信，並且認真看過了，又幫我扔回到了辦公室。

當時我皮包裡只有爸媽給的生活費，那也不妨礙我從這裡走人，再找實習的地方。我沒辦法一夜暴富，慢慢賺錢才最踏實，沒什麼好著急的。我更加認真準備畢業考試，去考能幫助到就業找工作的各種證書，因為我要去一家只看能力不拆私信的公司，要找一個能就事論事公事公辦的上司。也從此謹記不在辦公室做任何私事，發任何牢騷。

於是，我再也沒有遇到過那樣的老闆。現在想想當初的自己，有什麼好炫耀的？又有什麼好抱怨的？為這樣的老闆做事，好或者不好都無關緊要，絲毫不會影響我的職場之路、我自己賺錢買花戴的夢想。

你是什麼樣的人，就會遇到什麼樣的人，這一真理也百分百可以用在職場上，你個人的努力或許不能決定一切，因為有時候努力了也沒有結果，這就需要我們調整座標重新再來。但你至少可以避免遇到強加給你自己的價值觀，一說工作就罵人，一罵人就扯遠，一扯遠就人身攻擊的老闆。人家賺錢厲害著，你也賺錢自己傲嬌著，因為換個地方你還是行。

職場不相信眼淚，但你要相信自己啊！憑藉自身努力，我們也會慢慢具備選擇職場和人的權利。我們可以因為沒有經驗被上司批評，不夠努力被夢想打臉，不夠優秀被同事看輕，甚至被炒魷魚，這才是職場的殘酷。收起自己的玻璃心，要哭回家哭，但明天還是不認輸，才能為自己賺夠能力、攢夠人品，職場精英都曾經是職場菜鳥。

我們不可以不相信自己，只是被一些功利市儈的職場理論洗腦，就把自己的自信和尊嚴置於別人腳下，沒心沒肺、沒臉沒皮，用這樣的狀態無論是工作還是創業，都將是竹籃打水一場空。我們當然需要謙遜、需要學習，但要讓那些打擊你自信、耽誤你學習、影響你努力、破壞你心情的老闆遠離你的生活。

尼采說過：「那些殺不死我們的，終將讓我們強大。」所以，他瘋了。哪有那麼多能變得強大的人？更多的人會在一些混亂的生活裡，或是委屈的職場上，活著也像是死了。這是某些老闆喜歡給下屬打的強心針，好像成功的人說這樣的話就不是傻是厲害，其實都一樣。

職場就是我們的飯碗，不做一夜暴富的癡夢就不會被瞎說洗腦，放棄唯我獨尊的狂妄就不會被鄙視排擠，我們看上去是個正常的職場人，也就會遇到正常的公司和老闆了。

何以解憂？唯有默默努力，並且保護好自己的心不受傷，明天我們還要趕很遠的路。要知道，菜鳥也有一雙可以飛翔的翅膀。

當你開始改變的時候，體面的生活就已經來了

小新的戀愛經可以寫本小說了，但一波三折的並沒有什麼蕩氣迴腸的氣魄。幾個男友來來去去，她還是沒有結成婚，轉眼又是一年，她也三十五歲了。小新說：「我現在已經對情感不抱希望了，只想賺錢。」

大學畢業後的十年，套她的話說：「一心想著要嫁個當地的好男人。」工作對她

只是糊口，吃穿用都可以將就，談戀愛結婚才是正經事。她好像從來就不關心升職、加薪和跳槽，但卻少不了抱怨生存壓力大、房價太高、大城市生活不易。小新的每段戀情自己都投入得轟轟烈烈，但結局都不太光鮮，究其原因，以買房結婚為目的的談戀愛才是對別人耍流氓。

去年年底小新辭職了，據說是為了換個好職位和好收入，可十年都沒挪過窩的小公司普通行政的工作履歷，讓她處處碰壁。幾次面試敗下陣來，小新又心灰意冷起來。春節回家一歇就是一個月，她每天躺在父母家的被窩裡，發的朋友圈倒是不少，但光鮮亮麗的卻不是她自己的真實生活。

我問小新為什麼不找好新工作再辭職，她說：「總是要逼自己一把啊。」只是春節都過去一個月了，小新還是沒再去投履歷和參加面試，每天躺在合租的雅房裡挑揀著公司和職位，說自己就是要找最好的，情場失意總該職場得意吧。

小白生活在出生所在地的城市裡，沒結婚之前也有著很多美好的規劃，但二十八歲生了兩個孩子後就再也不提夢想，沒怎麼上過班的她說：「女人能嫁個愛自己的好老公才是本事。」她的高中同學小琪則去了上海，春節回家過年時雖然還沒結婚，但人家有不錯的工作，而且還在上海城區買了房。小白還是為同學不值，在她看來，單身才是最不堪，同學聚會的時候更是對小琪百般嘲諷。

小白和公婆一起在爬著蟑螂的廚房、廁所公用的房子裡蝸居，自己一家四口基本靠啃老過日子，老公是個只知道玩樂的人，三番五次被小白從KTV和網咖揪回家吵架。小白嘴上也說要去上班賺錢，可找了當銷售的工作嫌累，當促銷人員的工作嫌錢少，去超市當收銀員又弄錯帳賠錢，幾次要創業的雄心都不了了之。再說就是為了孩子做出的偉大犧牲，在孩子需要陪伴的年齡自己先不去工作了。

在有些女人的思維中，要工作就不能生孩子，生了孩子就不能再工作，不然就是拿自己的生命開玩笑，男人養自己是天經地義，養不好全是男人沒本事。卻從沒有想過一條再清楚不過的道理，你是什麼人就會遇到什麼人，不是一家人不進一家門。生個孩子就想著要嬌生慣養自己，卻把尊嚴放在別人腳底下隨便踩來踩去，男人整天只吃喝玩樂都不工作賺錢養家，你卻連聲都不敢吭，只能過暗無天日的生活。

曾經有讀者在文下留言，冬天深夜一點多，她走在黑燈瞎火的回家路上，剛剛才送完最後一批貨，而此時的丈夫卻在家呼呼大睡。她說：「我這樣辛苦賺錢，就是為了自己和孩子以後能生活得好一點。」如果丈夫盡責，她未必需要如此，連安全都沒保障地去辛苦，但她沒有糾結要不要離婚，沒有留在原地吵架抱怨，而是靠自己去改變現狀。**婚姻和男人如果真的無從選擇和要求，那就從自己做起也可以過上體面的生活。**

工作真的很難嗎？好多人高不成、低不就，自己懶，還找藉口，好多人挑三揀四，本事不大脾氣很大。那些在婚姻裡被嫌棄甚至被打罵的女子，就是邁不過出去找工作養活自己和孩子的坎，難道只是因為讀書少、學歷低就找不到生存的路嗎？肯定不是。

春節時北京有位「咖啡小哥」意外走紅，他從河南來北京打工賺錢，在海淀區辦公樓林立的區域送咖啡，好的月份收入過萬，他負擔著家鄉縣城父母買房子的貸款，還養著上小學的妹妹。記者跟拍了他幾天的日常生活，租住的小屋只能放下一張床，他晚上洗腳的時候坐在床邊還不忘先掀起被褥，一雙要帶回家的鞋也是仔細包好才放進行李箱。

他沒有讀過幾年書，學歷不高所以只能從事體力工作，但為人處世的細節上卻透出他良好的個人素質，憑藉不怕吃苦每日裡風雨無阻地工作，所以他賺到了比留在家鄉收入更多的錢。他沒有片語抱怨，說自己送咖啡時接觸到很多公司白領，人家的工作更辛苦。我身邊也有白天上班、晚上開專車的白領，人家收入不低卻還是在力所能及的範圍內，能多賺一點是一點。

在北京這樣的城市裡，能吃苦何止是餓不死，而是真能賺到錢。那些騎著三輪車送餐送貨的快遞，那些半夜騎著折疊單車做代駕的司機，那些深夜還耗在手機上接單的跑腿小弟，生活的便捷催生了更多的能賺錢、門檻卻不高的職業。跑腿網上的送貨記錄裡，有快遞送過一個白蘿蔔和六個番茄，還送過衛生棉和打火機，各種奇葩送貨單也記載著快遞勤快的賺錢經歷，各得其所、辛苦點的生活也有安然的一刻。

最可怕的不是沒有上進心，而是懶到就是不能找工作，沒腦力連體力也捨不得用一點，還永遠哀哀怨怨同情自己。心裡想得再好，還是手機不離身，按掉鬧鐘繼續睡，大錢賺不到小錢不屑賺，一做事就嫌累，一吃完才想減肥，自己活得不像人樣，還去嘲笑那些靠腦力、體力賺錢的人。不是世界對你殘忍，而是你一直在放縱自己。

K歌、泡吧、買醉、找男人、結個婚看似都很得意，其實這些事一點難度都沒有，只要你願意去做去將就都可以實現。世間最得意的是那些不容易就做到的，比如讀書、健身、跑步、賺錢、用心愛著也被愛著，這種常人看來無趣且難以堅持的事。

現在的人都特別會訴苦、特別會做夢、特別會善待自己、特別會要求別人，就是不會去努力堅持地做成事和賺到錢。很多人的大部分煩惱都源自沒錢花，我就不信你難過的時候衝進購物中心買七支口紅，八套衣服，九個包包，十雙鞋子，再約上好友猛嗑一頓好吃的還會心情不好嗎？

大部分人都不會有多麼深刻的孤獨、多麼不能放棄的東西，那些以為花錢買不到快樂，坐在BMW裡也不會幸福的人，還是因為自己沒錢可花，更沒有BMW可坐的矯情罷了。

對情感不抱希望或許沒什麼不好，想發財也不是什麼壞事，重點是得一步步去努力、去堅持，當你開始這麼做的時候，體面的生活就已經快到來了。

請對身邊的人好一點

1

雖然已是驚蟄，但京城的春天乍暖還寒。一場大雪，郊外的山裡白皚皚一片，城區也飄著寒意。我午後獨自去看了場電影——這是我減壓的方式之一。如果遇到自己喜歡的片子，會去我家附近的影院反復看幾遍。我熟悉那家電影院的每一個影廳，買票也只訂邊角上的位子。

人群熙攘櫥窗誘人，這是城市最光鮮時尚的部分。電影院卻鬧中取靜——捧一杯紅茶拿鐵，再買一桶爆米花，坐在喜歡的老位子上，那種或焦慮、或困惑、或惆悵的心思就已經得到了撫慰。

看書、看電影、聽音樂、做運動，都可以排壓解惑，但經驗告訴我，去書店、電影院、音樂廳、健身房、公園等公共場合，會比獨自面對電視機、手機和家裡的跑步機，更適合處於焦慮困惑中的我們思考和解脫。

不要懼怕人群和交際，那裡面也有我們需要的溫暖和希望。

電影結束正是下班的時候，男友已經來接我了，我煩惱的事情當然還在，但這一天已經安然度過。我有了好心情繼續面對手邊的瑣碎和生活的壓力，而不是整日苦著臉，對身邊人發脾氣。

世間沒有單純的快樂，快樂總夾帶著麻煩和憂慮。生活就是這樣，你逃避，憂慮就會越來越多，糟糕的日子就是這樣堆積的。你面對，在這過程中也許會獲得克服困難的愉悅，淡定的人生就是這樣釀造的。

很多人在遭遇學業、工作、人際、情感等困難的時候，不是積極面對、想辦法解決，而是一直停在原地，直到慌不擇路，結果呢，往往耽誤了最佳時機，越拖越難走出第一步。

不論生存還是生活，遭遇孤獨無助都不可怕，可怕的是我們始終不能學會獨立思考，當機立斷說做就做，而是沉淪在空虛的寂寞裡碌碌無為。

有三種人最沒救：沒本事、暴脾氣的男人；不好看、不賢慧的女人；好吃懶做，還看不得別人過好日子的男女。

2

男友提議去吃涼麵，這家在新街口開了幾十年的小店，每天都是顧客滿滿。這是男友小時候最難忘的記憶之一，這段記憶裡還有小店門口賣報紙的那個「三」。

「三」是個智力低下的孤兒，靠救濟金為生，早年一直在涼麵店門口賣報紙，也常去店裡撿剩菜剩飯吃。男友說：「那時候他會幫著店員收拾桌子，從不惹人討厭。」然而近幾年看報紙的人越來越少，「三」也不見了蹤影。這兩年男友常帶我去吃涼麵，偶爾還會惦記「三」過得好不好。

我們趕到小店已經過了晚飯高峰，店裡人不多。正吃著，一個五十多歲的男人走了進來，他一邊跟店員打招呼，一邊俐落地幫她收拾碗筷。男友說：「這就是『三』。」

二十多年過去了，男友從當年胡同口玩泥巴的小男孩長成了大男人，「三」也老了。但「三」穿得很乾淨，臉色也很紅潤，看樣子生活是過得去的。他撿了桌上一包顧客吃剩的鹽酥雞拿在手裡，然後繼續幫忙收拾。

男友起身走到收銀臺，要幫「三」買吃的，這時另外一位中年男人也走了過去，對男友說：「你也是買給『三』的吧？我剛才問了，他晚飯吃過了。」

「三」走過去，兩個男人又幾乎同時把手裡給他買麵的錢遞給他，讓他明天吃飯用。「三」很有禮貌地道謝，走到門口還不忘再回過身說了「謝謝」，才離開。

那一刻，我能感覺到生活美好，城市安然，每顆心都有溫度。**與其詛咒黑暗，不如點燃燈火，氣場靠我們改變自身而改變，好運氣也都是我們從手邊的每一件事、每一句話、每一次掙扎、每一次堅持中修來的。**

要對身邊人好一點，包括需要幫助的陌生人、為我們服務的人，等等。要時刻記住，你花的那點小錢買不到別人工作的尊嚴，太把自己當VIP的人，往往是因為在低三下四的日子裡過久了。

人與人之間，所有溫暖的關係都是上天給你的寵愛，要懂得珍惜感恩，並且及時回報。

3

即便身處再糟糕的境遇，我們都有辦法改變心境和環境，就算遇到的問題短時間內解決不了，也可以透過情緒紓壓來轉運。

面對那種一時半會糾纏難清的情感關係，可以先出走一段時間，其間不聯繫更不吵架，你只管先去適應單身，抑或是單身媽媽的新生活。

去改變，就是新生。你離開，即是開始。生活就是一個麻煩接著一個麻煩，有錢沒錢只是遭遇的麻煩不同而已，扛得住沒錢也能享受生活情感的本質溫暖，扛不住有錢也會眾叛親離盡現薄涼。

我們身邊那些看上去順風順水、生活得毫不費力的人，背後是不為人知的十二分用力、用心和拚命。

不用依靠也就不會計較，不再悲傷也就告別了憔悴衰老，不再尋找反而會有奇遇。我一直都在努力溫柔善待這個世界，才相信自己一直都會被這個世界溫柔相待。

姐弟戀美得讓你不敢老

二〇一七年，四十歲的馬克宏以65.5%的得票率當選法國新一任總統。即將和他一起牽手入駐法國總統愛麗舍宮的，是他六十四歲的夫人碧姬。她已經嫁給他十年了，已經不再擁有青春的容顏，她用帶著歲月紋路的臉去輕吻丈夫表示祝賀的一幕，這一幕恍如二十年前，原來初心不改愛情就能永遠。

當年十六歲的馬克宏愛上女同學的媽媽，法文老師碧姬。雖被父母以轉學力阻，但他依然扔下承諾：「待我長大，一定娶你！」堅持十餘年的愛情長跑，在二〇〇七年修成正果，這段「師生戀」以婚嫁開始了新的傳奇旅程。

碧姬在與馬克宏結婚前有過一段婚姻，共有三個孩子和七個孫輩。所以，現年三十九歲的馬克宏，已經擁有三名繼子和七名繼孫。婚後的馬克宏表示，自己已經擁有了妻子的家人，不再生孩子。

對於這段婚姻，馬克宏表現得一直很高調，曾經同意多家媒體的採訪，並攜帶妻子出席各種正式場合。他三十歲結婚，三十五歲擔任總統副祕書長，三十七歲擔任經濟部長，三十九歲他參選法國總統獲得勝利後，他和妻子兩人擁吻的照片迅速傳遍整個世界。

馬克宏曾經說過：「我虧欠她很多，有她才有今天的我。如果我當選，她會隨我入住愛麗舍宮，並且擔任某個角色。」

馬克宏的人生無疑是開了掛的，他不僅才華橫溢，關鍵還帥到人見人愛、花見花開。要擁有多少女人該有的優秀和自信，碧姬才能陪著他走進艾麗榭宮？閨密群裡有人這樣留言：「原來覺得鄧文迪厲害，後來覺得祖克柏老婆更厲害，現在才知道，人生最大贏家是這位第一夫人碧姬。」

她六十多歲了，但卻站在史上最年輕的總統身邊。有些三十歲的中國女人，嫁出去的未必過得幸福，忙著要嫁出去的也過得不幸福，四十歲時忙著捉姦罵小三，五十歲時居然又接著被自己的孩子嫌棄。有錢沒有女人的樣子，沒錢甚至沒有了人的樣子，只剩下和渣男同行，只會抱怨身邊男人無能。

可如果有比你小二十四歲的總統追求你，你敢答應嗎？在內心湧起千層浪後，大多數女人都會被拍死在沙灘上，因為你們腦子中閃現出的是「他是個騙子吧」、「他小我那麼多不可能是真愛」、「他是圖我的錢」等。不肯相信自己有這樣的顏值和才華，無非你什麼都沒有，一生只能和同一類男人糾纏。

這世界還有許多看似不正常的情侶，但都是真實存在。比起普遍「老牛吃嫩草」的前任，比起不停換妻子和換女友的前任們來說，馬克宏簡直是一股清流。

哪怕在以浪漫著稱的法國人當中也是十分罕見的，馬克宏和妻子相差二十四歲的愛情故事，贏得了許多法國女人的好感，她們覺得這稱得上對男權的一種「報復」，是女性覺醒最勵志的教材。

我想起，Dior二〇一七年早春度假系列推出的一款白色T恤，上面用黑體印著「WE SHOULD ALL BE FEMINISTS（我們都應該為女性發聲）！」傳達著對現代女性的擁抱與激勵，很多明星穿著它走在爭取真正女權的路上，這或許也是值得每個女人都擁有的一件時尚單品。

即便我每天都在寫身邊的人和發生的事，還是看到有同性讀者不斷留言「你說的都是些名人明星，生活中有更煩瑣的事情讓我們無心打理皮囊」。一個皮囊都顧不上的女人，更不會有心思去充實內在，居然還說得那麼振振有詞。別人至少在覺醒，你卻還在男人身邊假裝幸福。

還有讀者留言：「你一直努力自律，什麼都好為什麼還離三次婚？你應該幸福才對啊！」離婚的女人就是不幸福的，離過幾次婚的女人一定不好等等，這就是女人最喜歡給女人加的標籤。

更有趣的真相卻是，很多男人從來不在乎他愛上的女人離過幾次婚，倒是一些女人聽到別人離婚就想八卦，被男人侮辱了還要去捍衛有名無實的婚姻。

正因為我一直努力自律，我的人生和目標才會不斷獲得提升，當身邊人對我構成了阻礙，讓我感覺不到幸福的時候，分手和離婚就是一種對雙方都負責任的選擇。我狠狠雕琢著自己，離婚不過是把刀磨得更快了。

不是所有人都會選擇將就，總有不將就的坦誠能讓我們得到自由，不是所有的離婚都是因為背叛，總有愛到不能再愛的離散讓我們過得更好，更不是所有的分手都只有詆毀控訴，總有淡然之間便相忘江湖的永不再見。

越是優秀的男人越不會以年齡和婚否去衡量女人，只有女人才會給離婚女人，或者嫁了比自己小的男人的女人，加上不堪的標籤。不過是因為這樣的一些女子過成的樣子，刺痛了很多人將就的人生。

當有比我小十二歲的男人追求我的時候，如果我也喜歡他我就會答應，所以我得到了當下的幸福，同情人做快樂事，不問是情還是劫。我是個不需要男人每天說愛我的女人，甚至經常不必事事問詢，心裡有數就好，各忙各的週末才有時間約會。但我固執堅持兩個沒有血緣關係的男女能相伴多年，靠的一定是愛情，而不是什麼親情。

看到新聞中馬克宏當選總統後和妻子擁吻，碧姬問他：「再過十年，可能再強悍的健身和修練都擋不住女人的容顏衰老，而你幾乎不會和現在有太大的變化，那時候你還會愛我嗎？」他回答：「好像我愛上你的時候，你就不比我老似的，再過十年也一樣，又不會再多幾歲。」現在看來，再多十二歲也無所謂。

好吧，我將繼續我一生努力，一生被愛的奮鬥之路。我也會堅持為女性發聲，以便找到更多的同路人，彼此溫暖和美好下去。

你這麼好看就別受欺負了

1

米露大學畢業又失戀了，男友要回到家鄉工作，而米露父母堅持要讓米露留在大城市，因為米露的專業在這裡更好找工作，也會更有前途。米露不光天生麗質，小提琴拉得也很棒，還能歌善舞，父母為此投入的精力、財力可想而知。

公主般長大的女孩，戀愛卻屢屢受挫，大二甚至因為失戀差點休學，最後是媽媽陪讀了三個月才幫她走出情傷。現在又面臨著畢業就分手，米露哭鬧了一段時間也無法挽回男友。就在男友離開學校一個月後，米露突然失蹤了。

父母不動聲色地找到了米露男友的家，果然米露已經在男友家附近的小旅館裡魂不守舍好幾天了。那個男孩知道她找上門來，索性躲到了親戚家，還告訴米露自己已經有了新女友。

米露這次真的吃了安眠藥，她說：「我愛他，沒有他就什麼也沒有了。」幸好米露父母及時趕到把她送到醫院才脫離危險，但清醒後的她還是一副生無可戀的樣子。米露父母找到男孩，問他為什麼都沒去醫院看看她，男孩支支吾吾了許久，才說：「我害怕她，離開她我就輕鬆了。」

米露父母將男孩的話轉告給了米露，她開始吃東西。米露媽說：「你在學業和琴藝上努力那麼多年，現在終於可以走向社會一試身手了，糾纏在不值得的情感中越久自己的損失就越大。媽媽把你生得那麼漂亮，不是讓別人有機會糟蹋你的。」

年輕時的痛苦總是如此，一碰就山崩地裂，一疼就萬念俱灰。說什麼這輩子都不會再愛上誰了，這一生都不能自拔了，可用不了幾年再回頭看，那件事已經變得模糊不清，那個人走在大街上也認不出來，你身邊或許也換了好幾任新人，愛情來了你還是會再信。

有些痛苦是毫無價值的，比如買了一隻鴨子，飛了。穿了一件新衣，破了。與野獸共舞，卻最終發現他就是野獸不是被下咒的王子等。這些經常遭遇的痛苦也是最沒價值的，因為事情已經發生了，就算痛苦也不能改變這個事實，所以不如從此別過。就算痛過也可以做到不在意，別把它當成寶貝珍藏，因為不值得。

再見到米露，已經是四年後在她個人舉辦的小提琴獨奏音樂會上，二十五歲的她更加漂亮了，身邊不乏青年才俊追求。如果讀書能賦予你高貴的氣質，那音樂能帶給你的則是另外一種詩和遠方。

那時的她在世界五百強公司工作，也即將出國再深造。

2

三十二歲的佘梅打算離婚了，老公是屢教不改的出軌慣犯，婆家人還對他處處袒護，揚言媳婦離婚就拿不到半毛錢。佘梅當年是校花，畢業沒多久就嫁了家裡條件很好的男人，全職帶孩子再沒有工作過。

我告訴佘梅先不要著急搬家，而是給自己一年的時間學習重新殺入職場的技能，等工作安排好了，再提離婚也不遲。兒子七歲上小學，佘梅暫時沒有經濟能力和時間獨自帶孩子，為此她也糾結了好久，可為了孩子能生活穩定，當時交給婆家是最穩妥的辦法。

佘梅離婚後過了好長一段辛苦的日子，房地產銷售的工作經常沒日沒夜沒休息日，但在房價暴漲的那幾年裡，佘梅的汗水也換得了豐厚的收入。她買了一間房子，也終於可以帶著兒子出門去旅行了，去看看他想看的世界。前夫一直混跡社會沒有再婚，婆婆看到佘梅的變化又起了復合的心思，但她拒絕了。

三十七歲的佘梅再婚，丈夫是醫生，比她小幾歲，婚禮上的佘梅光彩照人，兒子在一旁捧著她的婚紗。那一刻，就像十幾年前，余梅似乎並沒有老去，反而在時光的沉澱中綻放出了誘人的味道。

她說：「想起我重出江湖的日子真是美好，辛苦也是值得回味的驕傲，後半生我都會在自己拚殺出的這片粉色江湖裡，幸福著我的幸福了。」

那些原本生得漂亮和活得漂亮的女子，為情所困或是退隱江湖本來就是可惜，**愛情是要讓我們更快樂，婚姻是要讓我們更幸福，如果沒有，那就不是真正的愛情，也不是值得留守的婚姻。**

3

倔強固執、高調霸氣、網紅是外界賦予董明珠這位霸道女總裁的標籤。她的人生以三十六歲為界，也劃分為前半生與後半生。三十六歲以前她的人生平淡無奇，三十六歲後她創造了無數傳奇。當年丈夫突然因病去世，留下了剛滿兩歲的兒子，要獨自帶著兒子生活，強烈的危機感向董明珠襲來。

她辭去了安穩的工作，並將兒子留給奶奶照顧，懷著「不成功便成仁」的精神毅然南下。幾經波折進入格力空調做了一名基層銷售，那一年她三十六歲。後來在接受媒體採訪時說：「這輩子最大的轉捩點是丈夫去世，如果不是這件事，我根本就不會走現在這條路。」

靠著勤奮和誠懇，董明珠不斷創造著格力公司的銷售神話，她的個人銷售額曾經飆升至三千六百五十萬元。董明珠後來回憶道：「做銷售那會其實比較簡單，你勤快就行了，就是辛苦一些。我那時也沒什麼別的雄心大志，就是想著多賣出空調，多賺點錢，養我兒子。」

從一名最普通的業務員到成為格力電器董事長，董明珠費時二十二年。這二十二年中，她所走的每一步都格外用力，外界也因此評論她：「董明珠走過的路，寸草不生。」

你用了多少年堅定地做過一件事？哪怕只是愛一個人，完成一份學業，成就一個心願，離開讓你痛苦的人，忘記不堪回首的事。太多人之所以一別經年後，不是變老了就是變胖了，其他方面卻毫無起色甚至更差，就是因為一件事都堅持不了多久。

名人也都是曾經的普通人，其實我們身邊也有很多這樣的普通女人，雖然沒有董明珠的成就，也憑藉自身的努力在過著自己想過的日子，成為自己生活中的女強人。

我們常常會以為在遭受了很多痛苦後就會成長，可實際上成長並不是痛苦的累積，而應該是幸福的疊加。當你依靠內心的強大穿越了痛苦，而最終得到了幸福，這才算得上是真正的成長，不然只能算是過程，但在這個過程中並不是所有人都能擺脫痛苦的陰影，從此陽光。

所以千萬別用經歷痛苦的多少來衡量你是否成長，是否成熟，是否成功，是否夠堅強。而是應該學會堅持，堅持你手邊必須做好的事，學會享受，享受著去過好每一天。即使在痛中也要苦中求樂，為自己的成長做幸福的疊加，我們終究不是為了生活中痛苦的那一部分活著的。

高寶書版集團
gobooks.com.tw

高寶文學 059
你有多獨立，就有多美好

作　　者　王　珣
特約編輯　梁曼嫻
助理編輯　高如玫
封面設計　林政嘉
內頁排版　賴姵均
企　　劃　鍾惠鈞

發 行 人　朱凱蕾
出　　版　英屬維京群島商高寶國際有限公司台灣分公司
　　　　　Global Group Holdings, Ltd.
地　　址　台北市內湖區洲子街 88 號 3 樓
網　　址　gobooks.com.tw
電　　話　(02) 27992788
電　　郵　readers@gobooks.com.tw（讀者服務部）
　　　　　pr@gobooks.com.tw（公關諮詢部）
傳　　真　出版部　(02) 27990909　行銷部 (02) 27993088
郵政劃撥　19394552
戶　　名　英屬維京群島商高寶國際有限公司台灣分公司
發　　行　英屬維京群島商高寶國際有限公司台灣分公司
初版日期　2021 年 4 月

本作品中文繁體版透過成都天鳶文化傳播有限公司代理，經北京木本水源文化傳媒有限公司授予英屬維京群島商高寶國際有限公司台灣分公司獨家出版發行，非經書面同意，不得以任何形式，任意重制轉載。
本作品中文繁體版通過文化部核准，核准字號文化部部版臺陸字第 110035 號。

國家圖書館出版品預行編目（CIP）資料

你有多獨立，就有多美好 / 王珣作. -- 初版. --
臺北市：高寶國際出版：高寶國際發行，2021.04
　面；　公分. --（高寶文學：059）

ISBN 978-986-506-034-3（平裝）

1. 自我實現　2. 生活指導　3. 女性

177.2　　110002676

GOBOOKS & SITAK GROUP©